KB236275

아리가또

슈퍼 주니어일본어

2

교사용 지도서

니혼고 팩토리(Nihongo Factory)는 일본어 교재를
전문으로 출판하는 **BM** Book Media Group의 임프린트입니다.   네이버 카페 [니혼고 팩토리 ▾]

아리가또 슈퍼 주니어일본어 2   교사용 지도서

2009년 8월 31일 초판 1쇄 인쇄
2009년 9월 10일 초판 1쇄 발행

지은이 | 주니어일본어 연구회 (김영훈, 신재훈, 오카다 도모미, 전윤경, 박소영 외)
펴낸이 | 이종춘
펴낸곳 | 성안당
주   소 | 경기도 파주시 교하읍 문발리 출판문화정보산업단지 536-3
전   화 | 031-955-0511
팩   스 | 031-955-0510
등   록 | 1973. 2. 1. 제13-12호
홈페이지 | www.nihongofactory.co.kr | www.cyber.co.kr
수신자부담 전화 | 080-544-0511
내용문의 | 02-3142-0037

ISBN 978-89-315-7414-2
정가 15,000원

이 책을 만든 사람들
기획 | 조병희
표지디자인 | Design Goods
본문디자인·삽화 | 오미영
홍보 | 박재언
제작 | 구본철

머리말

일본어는 우리 말과 어순이 같고 문법이 거의 같기 때문에 다른 외국어에 비해서 상대적으로 공부하기가 쉽습니다. 하지만 가르치는 선생님이나 교재에 따라서는 아주 재미있게 공부할 수도 있고, 반대로 흥미를 잃어버리게 될 수도 있습니다. 요즈음은 많은 중, 고등학생들이 인터넷을 통해서 일본에 대한 정보 및 지식을 얻고 있습니다. 그 중에서도 특히 일본 드라마나 애니메이션, 만화, 가요 등에 대해서 자세히 알고 있는 학생들도 많습니다. 다만, 이러한 대부분의 학생들이 독학으로 공부해서 잘못된 정보 또는 지식을 가지고 있거나 어느 수준에 도달하면 한계에 부딪혀서 더 이상 발전하지 못하는 안타까움이 있습니다. 일본어를 체계적으로 공부하면 자신의 관심 분야에 대해서 좀 더 정확하게 많은 정보를 얻을 수 있게 되고, 능숙하게 말할 수도 있게 됩니다.

본 교재는 학습자 여러분이 일본어를 보다 쉽게 이해할 수 있도록 많은 삽화를 넣었으며, 재미있고 자연스럽게 익힐 수 있도록 게임이나 퀴즈 문제 등 다양한 장치를 마련하였습니다. 본문은 실제 회화에 사용되고 응용 가능한 문장들로 구성하였고, 말 바꾸기 연습을 통해서 말하기 학습 능력을 최대화하도록 연구하였습니다. 그리고 연습 문제와 청취 문제를 통해서 학습한 내용을 테스트해 보고 점검할 수 있도록 하였습니다. 좀 더 열심히 공부하고 싶은 분들을 위해서는 일본의 기초 한자도 실었습니다. 그 밖에 일본의 중, 고등학생의 학교 생활과 여러 분야의 일본 문화를 소개함으로써 학습자 여러분이 일본을 보다 더 잘 아는 데에 도움이 되도록 하였습니다.

어학은 매일매일 거르지 않고 조금씩이라도 공부하는 꾸준한 노력이 따르지 않으면 능숙해지기 어렵습니다. 본 교재를 통해서 학습자 여러분이 일본어를 배우고 열심히 공부해서 장래에 일본어를 능숙하게 말할 수 있게 되고 또한 일본에 대해서 많이 알게 됨으로써 우리 나라와 일본이 보다 더 가까워질 수 있는 다리 역할을 해 주기를 바랍니다.

끝으로 본 교재 출판에 많은 도움을 주신 니혼고 팩토리 관계자 여러분께 깊은 감사 말씀 올립니다.

저자 일동

이 책의 구성 및 특징

이 책은 주니어용인만큼 일본어 기초학습에 도움이 되는 여러가지 교육기자재를 활용할 수 있는 것이 큰 특징입니다. 교육기자재로는 가타카나, 오디오CD, 본문동영상, 동사 카드가 있습니다. 일본어의 기본인 어휘, 문법, 문형, 회화, 듣기, 문화와 함께 재미있는 게임으로 흥미진진한 수업이 됩니다.

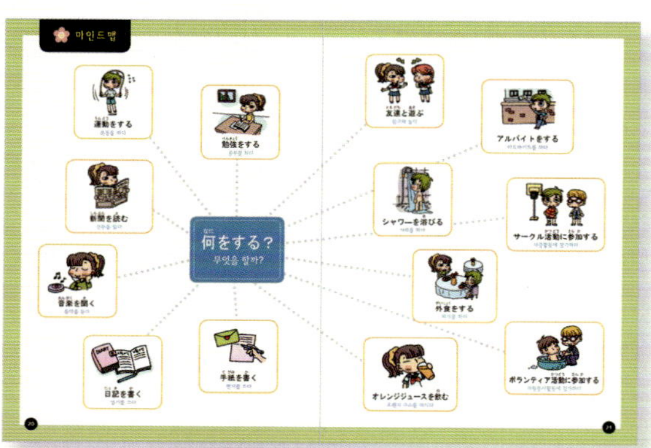

마인드맵

본문에서 배울 필수문형과 단어를 입체적인 마인드맵으로 학습할 수 있습니다.

본문·단어·문법공부

본문을 공부하기 전에 새로 나온 단어를 먼저 학습합니다. 본문과 함께 기초문법을 쉽게 접근합니다. 본문은 오디오CD와 동영상 학습으로 보다 능률이 향상됩니다.

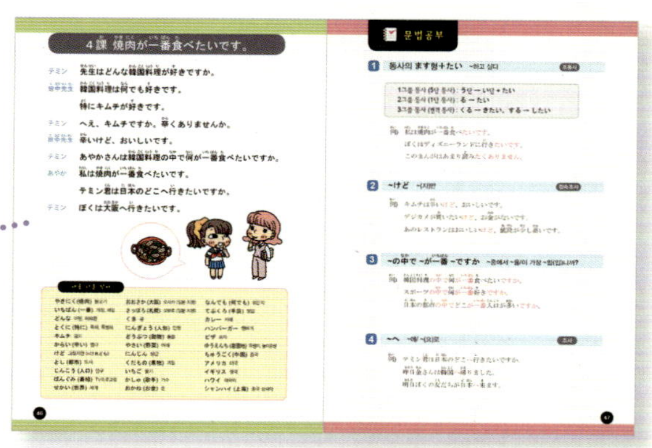

문형연습과 회화연습

문형의 반복학습과 회화연습으로 실전에 대비한 충분한 연습이 가능합니다.

 MP3 CD 1매

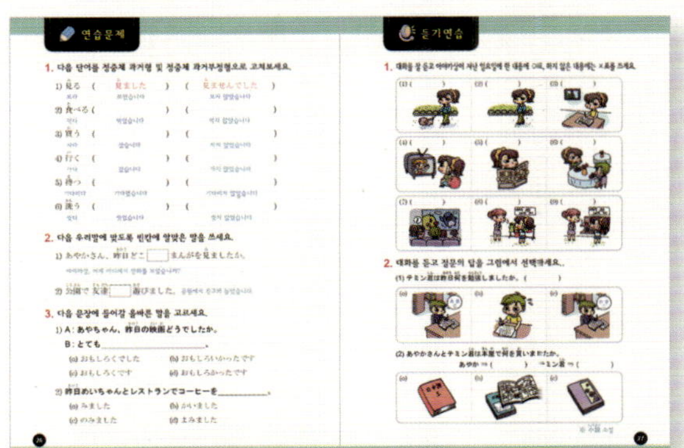

연습문제와 듣기연습

배운 것을 연습하고, 듣기로 한 과를 마무리합니다.

한자공부와 일본문화

요즘 학생들이 취약한 한자를 공부하여 일본어 학습에 능률을 높이며, 일본의 여러 가지 문화와 학교생활을 통하여 현지에서 바로 활동 가능하게 합니다.

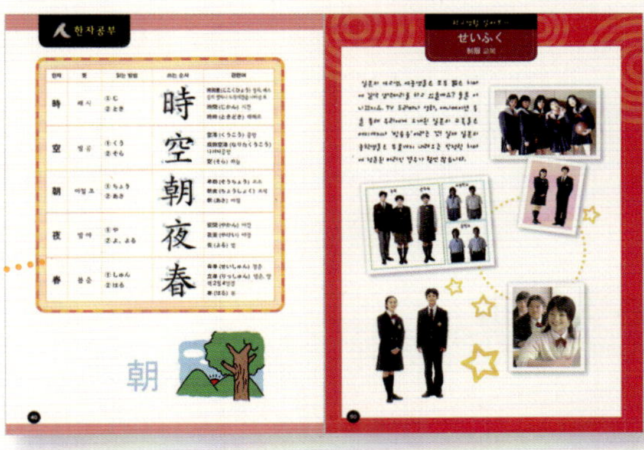

GAME 게임

배우긴 했지만 잊어버리기 쉬운 것이 언어인 만큼 친구들과 일본어 게임을 함으로써 뇌리에 박혀 평생 잊어버리지 않는 일본어 학습이 되게 합니다. 부록에 있는 카드도 활용하기 바랍니다.

오디오CD를 듣고 동영상(인터넷 무료)을 보면서 공부하시면 더욱 효과적입니다.

 원어민 오디오 발음 (본문 | 회화연습 | 듣기연습) | 보이스펜 기능 추가!

 본문 상황의 동영상 (본문)

목차

※ 1과 이후의 수업 진행방식

마인드 맵→문법 공부→본문→문형 연습→회화연습→연습 문제→
듣기 연습→(한자 연습)→게임→학교생활 알아보기 순서로 진행하면 좋을 것입니다.
수업 시간에 얽매어 진도를 나갈 필요는 없고, 학생들의 수준에 맞춰서 수업을 진행하는 것이 효과적이라고 생각됩니다.

※ 동사의 ます형

동사의 어미활용은 매우 중요하기 때문에 학습자들이 이해하기
쉽도록 충분한 준비와 강의 연습을 해둡시다.

【1】 먼저 동사의 종류를 설명하기 전에 행(行)과 단(段)에 대해서 설명합니다.
예를 들어 あ行은 あ, い, う, え, お를, さ行은 さ, し, す, せ, そ를, あ段은 あ,
か, さ, た, な, は…를, う段은 う, く, す, つ, ぬ, ふ…를 의미한다는 것을 이해
시킵니다.

【2】 '일본어 동사들은 끝 어미가 반드시 う段으로 끝난다' 는 동사의 특징에 대
해서 설명하고 동사의 종류와 정의에 관해서 설명합니다. 이 때, 동사의 종류는
'1그룹, 2그룹, 3그룹 동사' 로 설명하거나 또는 '상, 하 1단 동사, 5단 동사, カ
변격, サ변격 동사' 로 설명해서 용어를 통일해서 쓰도록 주의합시다. 다시 말해
서 1그룹 동사, 5단 동사 등으로 용어를 혼용해서 설명하지 않도록 주의합시다.

【3】 1과에서는 학습자들의 학습 부담을 줄이기 위해 '2그룹 (상, 하 1단) 동
사' 에 관해서만 설명해 두었습니다.

　1) 먼저 '끝 어미가 る로 끝나는 동사들 중에서 る바로 앞에 오는 자(字)가 い
段이나 え段인 동사들' 을 '2그룹 동사' 라고 한다는 2그룹 동사의 정의를 설
명합니다.

매일 아침 몇시에 일어납니까?

학습목표

▌ 동사의 특징, 종류 및 활용연습
　(1) 2그룹동사(1단동사) 활용 및 사용법 익히기
　(2) 2그룹동사의 「ます형」과 정중체의 현재형
　　　 (긍정형, 의문형, 부정형) 익히기
　(3) 조사 「に」 용법 익히기
　　　 1) 동작이 행해지는 [시점(시간)]

　2) 가능하면 마인드맵이나 본문에 나오는 2그룹 동사를 사용해서 る바로 앞에 오는 자(字)가 い段
이나 え段인 동사들을 2~3개 정도씩 예를 들어 설명합시다. 이때, 학습자들이 다 읽을 수 있는 크
기로 동사 카드를 만들어 설명하면 더욱 효과적이겠습니다. 동사의 예는 항상 초급 수준에 맞는 동
사를 예로 들 수 있도록 유의합시다. 즉, 일상생활에서 사용 빈도가 많은 동사들을 예로 듭시다.
예를 들면 いる, 着る, 起きる, 見る, 降りる, 食べる, 開ける, 見える, かける 등

【4】 학습자들이 2그룹 동사의 정의를 이해하게 되면 동사의 ます형에 대해서 설명합니다. 동사의
ます형이란 우리 말에서 먹다가 정중체로 이야기할 때 먹습니다로 변하는 것과 마찬가지로 일본어
동사들을 정중체로 말할 때 ます를 사용한다는 것을 설명합니다. 이때, 앞에서 배웠던 명사와 イ형
용사, ナ형용사의 정중체는 です를 사용했었는데 동사의 정중체는 ます를 사용한다는 것을 학습자
들에게 설명해서 차이점을 알 수 있도록 합시다.

【5】 2그룹 동사들을 ます형으로 만들 때는 끝 어미 る를 떼고 ます만 붙이면 된다는 것을 설명하
고 る 바로 앞에 오는 자(字)가 い段이나 え段인 동사들을 2~3개 정도씩 예를 들어 설명합시다.

【6】 2그룹 동사 5~6개 정도를 예로 들고 학습자들에게 동사의 ます형 변화를 만들어 보게 합니다.

【7】 끝으로 동사의 ます체를 설명합니다. 현재 긍정형 ～ます(～습니다), 현재 의문형 ～ますか(～
습니까?), 현재 부정형 ～ません(～지 않습니다)에 대한 문체 활용을 食べる와 같은 2그룹 동사를
이용하여 설명하고 見る와 같은 다른 2그룹 동사를 이용하여 동사의 ます체에 대해서 전 학습자들
이 익숙해질 수 있도록 봅니다. 見ます, 봅니까?. 見ますか, 보지 않습니다. 見ません을 모두 따라
읽게 합니다. 그리고 다른 2그룹 동사 2개 정도를 예로 들어 학습자들에게 동사의 ます체를 만들어
보게 합니다. 이 때 선생님들은 학습자들이 정확하게 동사의 ます체를 만드는지 확인하고 틀린 학
습자들은 무엇이 틀렸는지를 이해시키기 바랍니다.

鏡を見る

거울을 보다

シャワーを浴びる

샤워를 하다

歯を磨く

이를 닦다

いただきます

잘먹겠습니다

毎朝

매일 아침

ご飯を食べる

밥을 먹다

牛乳を飲む

우유를 마시다

パンを食べる

빵을 먹다

お母<ruby>かあ</ruby>さん
어머니

早<ruby>はや</ruby>く起<ruby>お</ruby>きなさい
빨리 일어나세요

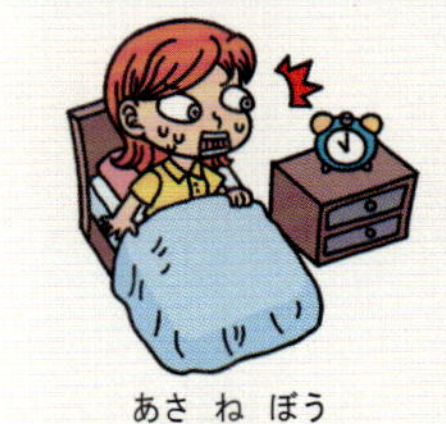

朝寝坊<ruby>あさ ね ぼう</ruby>
늦잠

目覚<ruby>め ざ</ruby>まし時計<ruby>ど けい</ruby>
자명종 시계

起<ruby>お</ruby>きる
일어나다

遅刻<ruby>ち こく</ruby>
지각

日本語<ruby>に ほん ご</ruby>のテープを聞<ruby>き</ruby>く
일본어 테잎을 듣다

学校<ruby>がっ こう</ruby>へ行<ruby>い</ruby>く
학교에 가다

いってきます
다녀오겠습니다

いっていらっしゃい
다녀오세요

あやか・テミン　先生、おはようございます。

佐藤先生　ああ、おはよう。二人とも早いですね。

テミン君は毎朝何時に起きますか。

テミン　６時ごろ起きます。

佐藤先生　朝ごはんはちゃんと食べますか。

テミン　はい、食べます。

佐藤先生　あやかさんは？

あやか　私は食べません。

佐藤先生　えっ、何も食べませんか。

あやか　はい。

佐藤先生　大丈夫ですか。

あやか　はい、大丈夫です。

새로 나온 단어

まいあさ (毎朝) 매일 아침
おきる (起きる) 일어나다
さとう (佐藤) 일본인의 성
~ます ~합니다
ああ 아~ (감동사. 긍정이나 동의를 나타낼 때)
とも 모두, ~다 (접미어)
ごろ (頃) 경, 쯤, 무렵
たべる (食べる) 먹다
ちゃんと 분명히, 확실히
~ません ~지 않습니다 (ます의 부정형)

えっ 옛, 뭐라고, 어, 이크 (감동사. 놀라거나 의아해할 때 내는 소리)
だいじょうぶだ (大丈夫だ) 괜찮다
すてる (捨てる) 버리다
ゴミ 쓰레기
おしえる (教える) 가르치다
しめる (閉める) 닫다
~には ~에는
おもに (主に) 주로
~を ~을(를)

동사의 종류

일본어 동사에는 1그룹 동사 (5단 동사), 2그룹 동사 (1단 동사), 3그룹 동사 (カ변격,
サ변격 동사)가 있습니다. 1과에서는 2그룹 동사 (1단 동사)만을 설명하겠습니다.

▎2그룹 동사 (1단 동사) 끝 어미가 「る」로 끝나면서 바로 앞 글자가 「い단」 이나 「え단」 인 동사

예) おきる(일어나다), みる(보다), おしえる(가르치다), たべる(먹다), あける(열다) 등

동사의 ます형

동사의 ます형이란 일본어에서 동사의 정중체를 말합니다. 동사의 ます형의 어미 변화
는 아래와 같이 암기하면 쉽습니다.

2그룹 동사 (1단 동사) : る → ます

예) | 2그룹 동사 | い**る**(있다)　　見**る**(보다)　　食べ**る**(먹다)　　寝**る**(자다)
ます(있습니다)　　**ます**(봅니다)　　**ます**(먹습니다)　　**ます**(잡니다)

1 동사의 ます체 (1)

정중체	현재	긍정형	_______ます。	~ㅂ(습)니다.
		의문형	_______ますか。	~ㅂ(습)니까?
		부정형	_______ません。	~지 않습니다.

例) 私は朝6時ごろ起き**ます**。
朝ご飯は食べ**ますか**。
いいえ、何も食べ**ません**。

2 ~に (시간)　~에 　　　　조사

例) 毎朝何時**に**起きますか。
私は夜11時**に**寝ます。
ぼくは夜9時**に**スポーツニュースを見ます。

체크

다음과 같이 말해 볼까요?

1. 何を食べますか。
①

りんごを食べます。
② ③

例)

1) 見る
ドラマ｜見る

2) 捨てる
ゴミ｜捨てる

3) 教える
日本語｜教える

2. お菓子、食べますか。
① ②

いいえ、食べません。
③ ④

例)

1) テレビ｜見る
いいえ｜見る

2) この新聞｜捨てる
はい｜捨てる

3) 山田さん｜いる
いいえ｜いる

3. テミン君は何時に起きますか。
① ②

朝6時に起きます。
③ ④

例)

1) 朝ごはん｜食べる
朝7時｜食べる

2) 図書館｜閉める
夜10時｜閉める

3) 映画｜見る
午後4時｜見る

다음 그림을 보고 보기와 같이 질문에 답해 보세요.

1) 보기　何を食べますか。

りんごを食べます。

답　何を＿＿＿＿＿か。

＿＿＿＿を＿＿＿＿。

2) 보기　テミン君は何時に起きますか。

朝６時に起きます。

답　テミン君は何時に＿＿＿＿か。

＿＿＿＿に＿＿＿＿。

1. 다음 문장의 밑줄 친 부분을 아래 예문과 같이 바꾸어 보세요.

> 예문 朝ごはんを 食べる → (食べます)

1) テレビを見る   → (見ます   )
2) ゴミを捨てる   → (捨てます   )
3) 10時に寝る   → (寝ます   )

> 체크
> 연습 문제는 가능하면 수업시간에 다루는 것이 좋겠습니다만, 수업 시간이 부족할 때는 숙제로 해서 개개인 학습자들의 실력을 점검해 보는 수단으로 할 수도 있습니다. 되도록이면 학습자들이 부담이 되지 않도록 골라서 숙제를 내 주는 것도 하나의 방법이 될 수 있습니다. 수업 중에 문제를 풀 경우에는 문제에 따라서 선생님이 설명하면서 풀어주기도 하고 아니면 학습자들에게 풀게 하고 돌아 다니면서 체크를 하면서 학습자들 개개인의 실력을 선생님이 파악해 두는 것도 좋을 것입니다.

2. 다음 문장을 정중체 현재형으로 보기에서 골라 완성하세요.

> 보기 起きます。   食べません。   見ますか。   食べますか。

1) 私は朝6時に (起きます   )。
   나는 아침 6시에 일어납니다.

2) 佐藤さんは朝ごはんを(食べますか   )。
   사토상은 아침을 먹습니까?

3) いいえ、(食べません   )。
   아니요, 먹지 않습니다.

4) あやかさんは毎日テレビを(見ますか   )。
   아야카상은 매일 텔레비젼을 봅니까?

3. 다음 주어진 단어를 이용하여 우리말을 일본어 정중체로 바꾸어 보세요.

> 예문 몇시에 일어납니까? (何時、起きる、に)
>   → 何時に起きますか。

1) 아침은 주로 빵을 먹습니다. (パン、朝、を、食べる、は、主に)
   →   朝は主にパンを食べます   。

2) 나는 밤 10시에 잡니다. (寝る、わたしは、夜、１０時に)
   →   わたしは夜10時に寝ます   。

듣기연습

1. 다음 대화를 잘 듣고 내용과 일치하는 시각을 선으로 연결하세요.

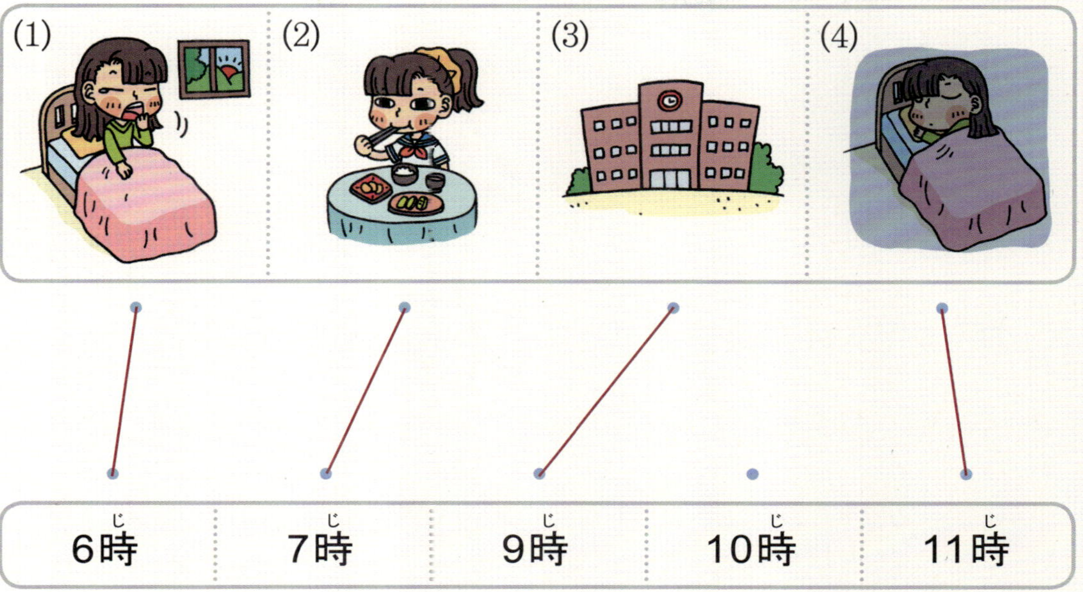

2. 다음 대화를 잘 듣고 아침에 무엇을 먹는지 선으로 연결하세요.

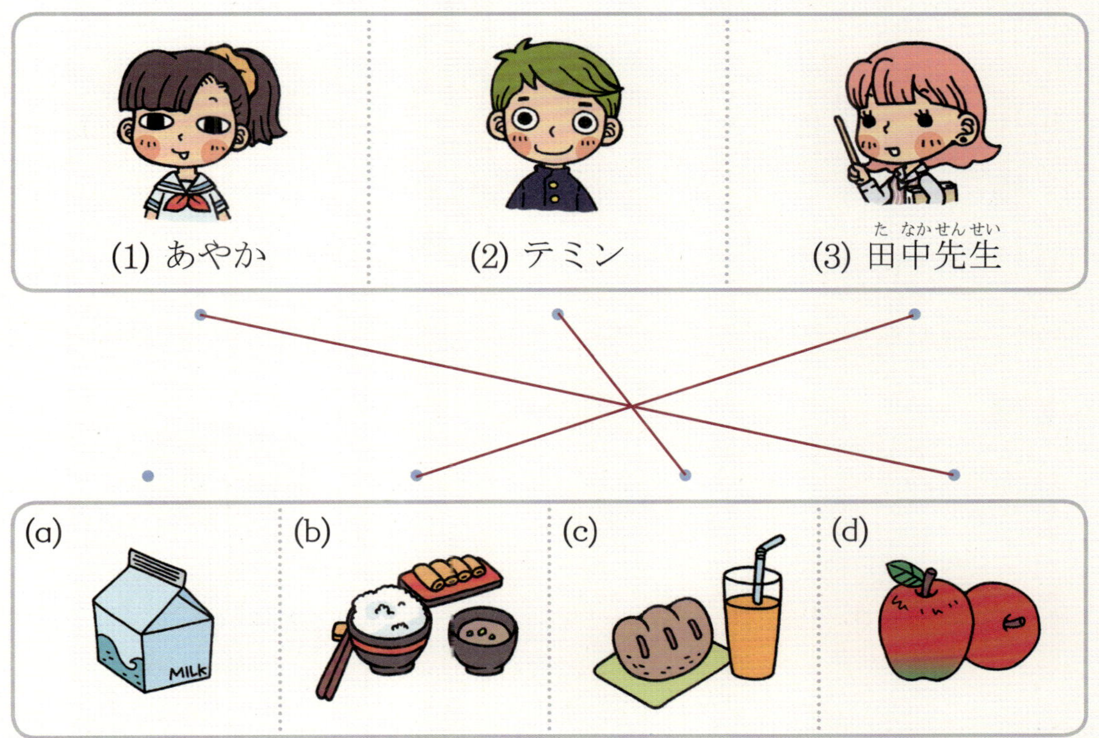

한자	뜻	읽는 방법	쓰는 순서	관련어
左	왼 좌	① さ ② ひだり	左	左右 (さゆう) 좌우 左利き (ひだりきき) 왼손잡이 左 (ひだり) 왼쪽
右	오른 우	① う、ゆう ② みぎ	右	右折 (うせつ) 우회전 右手 (みぎて) 오른손 右 (みぎ) 오른쪽
食	먹을 식	① しょく、しき ② たべる、くう	食	食事 (しょくじ) 식사 食べ物 (たべもの) 음식 食べる (たべる) 먹다
飲	마실 음	① いん ② のむ	飲	飲料水 (いんりょうすい) 마시는 물 飲み物 (のみもの) 음료수 飲む (のむ) 마시다
東	동녘 동	① とう ② ひがし	東	東西南北 (とうざいなんぼく) 동서남북 東京 (とうきょう) 도쿄(일본의 수도) 東 (ひがし) 동쪽

체크

사실 한자는 일본어를 공부하려면 반드시 필요하지만 현장 교육에서는 여러가지 면을 고려할 때, 어려울 것으로 생각됩니다. 하지만, 드물게 한자를 공부한 학습자들이나, 일본어를 열심히 공부하려는 학습자들을 위해서 '한자 공부'를 실었습니다. 이 점 참고하여 지도해 주시길 바랍니다.

준비물

동사 그림카드, 동사 글자카드

게임방법

❶ 4~6명씩 조를 만든다.

❷ 각 조에서는 그림 카드와 글자·카드를 준비하고 골고루 섞어 똑같이 나눈다.

❸ 자신이 받은 카드 중에서 글자 카드와 그림카드가 일치하는 것이 있으면 짝을 지어 책상 위에 내려 놓는다.

❹ 짝이 되는 카드를 모두 골라낸 후, 짝이 없는 나머지 카드를 쥐고 게임을 시작한다.

❺ 다같이 '하나, 둘, 셋~!'이라는 외침과 동시에 자신의 왼쪽에 있는 친구의 카드 중에 한 장을 뽑아 온다.

❻ 이 때 가져온 카드가 내가 가진 카드와 짝을 이룰 경우 한 쌍의 카드를 책상 위에 내려놓고, 짝을 이루지 못하면 다시 한번 왼쪽의 친구에게서 카드를 일제히 가져온다.

❼ 카드 가져오기를 반복하여, 가진 카드를 가장 먼저 내려 놓는 학생이 승~!

がっこうせいかつ
学校生活 학교생활

아리가또 2에서는 일본 중학생들의 학교생활에 관해서 중점적으로 소개하고 있습니다. 우리 중학교 학생들의 학교생활과 비교해서 같은 점, 다른 점을 알아 보는 것도 재미있을 것입니다.

체크

일본의 중학교 생활은 우리와 비슷한 점도 많고 의외로 다른 점도 있습니다. 우선 새로운 학년이 4월에 시작해서 이듬해 3월에 끝난다는 점이 우리와 조금 다르죠?

일본의 중학생들은 1년을 어떻게 보낼까요?

전기 | 후기

전기		후기	
4月	입학식, 신입생 환영회, 신체검사, 학생회 선거	**10月**	운동회, 중간고사
5月	봄소풍, 중간고사, 수학여행	**11月**	문화제
6月	학부모 참관수업, 가정방문, 학생회 선거	**12月**	기말고사, 겨울방학 시작
7月	기말고사, 여름방학 시작	**1月**	개학, 마라톤대회
8月	방학중 클럽활동	**2月**	고등학교 입시, 학년말 시험
9月	개학, 가을소풍	**3月**	졸업식, 봄방학 시작

2과 昨日、何をしましたか。

어제 무엇을 했습니까?

※ 2과에서는 1그룹 동사와 3그룹 동사에 관한 정의 및 어미 활용, 동사의 정중체 과거형을 학습자들에게 지도하는 것이 학습목표입니다.

【1】 먼저 1그룹 동사의 정의에 관해서 1그룹 동사들을 예로 들어가며 설명합니다. (2과 문법 공부 23p 참조) 특히, 1그룹 동사에 속하는 끝 어미가 る로 끝나는 동사에 관해서 자세하게 설명하는 것이 좋습니다. 학습자들이 2그룹 동사로 착각하는 경우가 많기 때문입니다.

【2】 3그룹 동사에는 くる와 する가 속하며 이 두 동사는 불규칙적으로 어미 변화를 하기 때문에 그대로 외울 수밖에 없다는 것을 강조해서 설명합니다.

【3】 1그룹 동사들의 동사의 ます형은 끝 어미 う단을 い단으로 고치고 ます를 붙이며, 3그룹 동사 くる는きます로, する는 します로 불규칙 변화를 한다는 것을 설명합니다. 1그룹 동사들은 되도록 각 행의 う단을 예로 들어

학습목표

▎ 동사의 특징과 종류 학습
(1) 1그룹동사(5단동사)의 활용 및 사용법 익히기
(2) 1그룹동사의 「ます형」과 정중체의 과거 긍정형, 과거 의문형, 과거 부정형 학습

설명하는 것이 바람직합니다. 왜냐하면 학습자들이 각 행의 う단을 い단으로 바꾸는 것을 어려워하기 때문입니다.

【4】 끝으로 동사의 정중체(ます체)의 과거형을 설명합니다. 과거 긍정형 ～ました(~었/았습니다), 과거 의문형 ～ましたか(~었/았습니까?), 과거 부정형 ～ませんでした(~지 않았습니다)에 대한 문체 활용을 1그룹 동사들 중 끝 어미가 る로 끝나는 동사와 る로 끝나지 않는 동사를 예를 들어 설명하고, 3그룹 동사들의 과거형에 대해서도 설명합니다. 그리고 다른 1그룹 동사를 이용하여 동사의 ます체 과거형에 대해서 전 학습자들이 익숙해질 수 있도록 과거형 문제를 모두 따라 읽게 합니다. 그리고 다른 1그룹 동사(る로 끝난 동사와 る로 끝나지 않는 동사) 2~3개 정도를 예를 들어 학습자들에게 동사의 ます체의 과거형 문제를 만들어 보게 합니다. 이 때 선생님들은 학습자들이 정확하게 동사의 ます체를 만드는지 확인하고 틀린 학습자들은 무엇이 틀렸는지를 이해시키기 바랍니다.

運動をする
운동을 하다

勉強をする
공부를 하다

新聞を読む
신문을 읽다

何をする？
무엇을 할까?

音楽を聞く
음악을 듣다

日記を書く
일기를 쓰다

手紙を書く
편지를 쓰다

友達と遊ぶ
친구와 놀다

アルバイトをする
아르바이트를 하다

サークル活動に参加する
서클활동에 참가하다

外食をする
외식을 하다

オレンジジュースを飲む
오렌지 주스를 마시다

ボランティア活動に参加する
자원봉사활동에 참가하다

２課　昨日、何をしましたか。

テミン	あやかさん、昨日、何をしましたか。
あやか	家で友だちとまんがを読みました。
テミン	まんがはおもしろかったですか。
あやか	はい、とてもおもしろかったです。 テミン君は何をしましたか。
テミン	公園でケンジ君と遊びました。
あやか	日本語の勉強はしましたか。
テミン	いいえ、しませんでした。 へへへ……。

새로 나온 단어

~しましたか ~했습니까? 〈しますか(합니까?)의 과거형〉	さんぽ (散歩) 산보, 산책
いえ (家) 집	て (手) 손
~で ~에서(장소를 나타냄)	あし (足) 발
まんが (漫画) 만화	てがみ (手紙) 편지
よみました (読みました) 읽었습니다. 〈よむ(読む/읽다)의 정중체 과거형〉	こうはい (後輩) 후배
おもしろかったですか (面白かったですか) 재미있었습니까? 〈おもしろい(面白い/재미있다)의 정중체 과거 의문형〉	まつ (待つ) 기다리다
	みる (見る) 보다
こうえん (公園) 공원	たべる (食べる) 먹다
あそびました (遊びました) 놀았습니다 〈あそぶ(遊ぶ/놀다)의 정중체 과거형〉	いく (行く) 가다
	あそぶ (遊ぶ) 놀다
べんきょう (勉強) 공부	あらう (洗う) 씻다
~と (동작을 같이하는 사람이나 동물) ~와/~과	かう (買う) 사다
ほんや (本屋) 서점, 책방	のむ (飲む) 마시다
	アニメ 애니메이션, 동화 (アニメーション의 준말)

✏️ 동사의 종류

2과에서는 1그룹 동사(5단 동사)와 3그룹 동사(カ변격, サ변격 동사)에 관해서 설명하겠습니다.

▌1그룹 동사 (5단 동사)

❶ 끝 어미가 「る」로 끝나지 않는 동사

예) あう(만나다), かく(쓰다), はなす(말하다), まつ(기다리다), しぬ(죽다), あそぶ(놀다), よむ(읽다) 등

❷ 끝 어미가 「る」로 끝나면서 바로 앞 글자가 「あ단」이나 「う단」, 「お단」 인 동사

예) ある(있다), わかる(알다), うる(팔다), おくる(보내다), のる(타다), まもる(지키다) 등

▌3그룹 동사 (변격 동사) : 3그룹에 속하는 동사는 する(하다), くる(오다) 밖에 없으나 이 동사
들은 어미 변화가 불규칙적이기 때문에 주의해야 합니다.

> 주의 다음과 같은 동사들은 예외적으로 1그룹 동사 (5단 동사) 이기 때문에 반드시 암기해야 합니다.
>
> 예) い(要)る 필요하다　はい(入)る 들어가(오)다　き(切)る 자르다, 썰다　し(知)る 알다
>
> 　　かえ(帰)る 돌아가(오)다　け(蹴)る (공을) 차다　はし(走)る 달리다　へ(減)る 줄어 들다, 감소하다

✏️ 동사의 ます형

동사의 ます형이란 일본어에서 동사의 정중체를 말합니다. 동사의 ます형의 어미 변화는 아래와 같이 암기하면 쉽습니다.

> 1그룹 동사 (5단 동사) : う단 → い단 + ます
> 3그룹 동사 (변격 동사) : くる → きます、する → します

예) | 1그룹 동사 |　買う(사다)　　　書く(쓰다)　　　話す(말하다)　　　待つ(기다리다)
　　　　　　　　　 います(삽니다)　 きます(씁니다)　 します(말합니다)　 ちます(기다립니다)
　　　　　　　　 死ぬ(죽다)　　　遊ぶ(놀다)　　　読む(읽다)　　　ある(있다)　　　送る(보내다)
　　　　　　　　 にます(죽습니다)　 びます(놉니다)　 みます(읽습니다)　 ります(있습니다)　 ります(보냅니다)

1　동사의 ます체 (2)

정중체	과거	긍정형	＿＿＿＿ました。	~었/았습니다.
		의문형	＿＿＿＿ましたか。	~었/았습니까?
		부정형	＿＿＿＿ませんでした。	~지 않았습니다.

例) 家でまんがを読みました。｜家でまんがを読みましたか。
　　家でまんがを読みませんでした。

2　~で (장소) ~에서　　　조사

例) 図書館で日本語の勉強をしました。｜レストランでコーヒーを飲みました。
　　どこでくつを買いましたか。

3　~と (동작을 같이 하는 사람, 동물)　~와/과, ~하고　　　조사

例) 家で友だちとまんがを読みました。｜公園でうちの犬と遊びました。
　　昨日、映画館で姉といっしょに映画を見ました。

다음과 같이 말해 볼까요?

1. 昨日、何をしましたか。

家で まんがを 読みました。
① ② ③

例)

1) 学校 ｜ 勉強
する

2) 本屋 ｜ 本
買う

3) 公園 ｜ 散歩
する

2. 日本語の勉強は しましたか。
① ②

いいえ、しませんでした。
③

例)

1) 朝ごはん ｜ 食べる
食べる

2) 手 ｜ 洗う
洗う

3) 手紙 ｜ 書く
書く

3. だれといっしょに 映画を 見ましたか。
① ②

友だちといっしょに 映画を 見ました。
③ ① ②

例)

1) コーラ ｜ 飲む
後輩

2) 友だち ｜ 待つ
妹

3) ごはん ｜ 食べる
先生

다음 그림을 보고 보기와 같이 질문에 답해 보세요.

1) 보기 昨日、何をしましたか。

図書館で日本語の勉強をしました。

답 ＿＿＿＿＿＿＿で＿＿＿＿＿＿＿を＿＿＿＿＿＿＿。

2) 보기 だれといっしょに映画を見ましたか。

友だちといっしょに映画を見ました。

답 だれといっしょに＿＿＿＿を＿＿＿＿＿＿か。

＿＿＿＿＿といっしょに＿＿＿＿を＿＿＿＿＿＿。

1. 다음 단어를 정중체 과거형 및 정중체 과거부정형으로 고쳐보세요.

예문 見る　（　　見ました　　）　（　　見ませんでした　　）
보다　　　　보았습니다　　　　　　　　보지 않았습니다

1) 食べる（　　食べました　　）　（　　食べませんでした　　）
먹다　　　먹었습니다　　　　　　　　먹지 않았습니다

2) 買う　（　　買いました　　）　（　　買いませんでした　　）
사다　　　샀습니다　　　　　　　　　사지 않았습니다

3) 行く　（　　行きました　　）　（　　行きませんでした　　）
가다　　　갔습니다　　　　　　　　　가지 않았습니다

4) 待つ　（　　待ちました　　）　（　　待ちませんでした　　）
기다리다　　기다렸습니다　　　　　　기다리지 않았습니다

5) 洗う　（　　洗いました　　）　（　　洗いませんでした　　）
씻다　　　씻었습니다　　　　　　　　씻지 않았습니다

2. 다음 우리말에 맞도록 빈칸에 알맞은 말을 쓰세요.

1) あやかさん、昨日どこ　で　まんがを読みましたか。

아야까상, 어제 어디에서 만화를 보았습니까?

2) 公園で 友達　と　遊びました。 공원에서 친구와 놀았습니다.

3. 다음 문장에 들어갈 올바른 말을 고르세요.

1) A：あやちゃん、昨日の映画どうでしたか。

　B：とても＿＿＿＿＿＿＿＿＿＿＿＿。

(a) おもしろくでした　　　　(b) おもしろいかったです

(c) おもしろくです　　　　　(d) おもしろかったです

2) 昨日めいちゃんとレストランでコーヒーを＿＿＿＿＿＿＿。

(a) みました　　　　　　　　(b) かいました

(c) のみました　　　　　　　(d) よみました

1. 대화를 잘 듣고 아야카상이 지난 일요일에 한 내용에 ○, 하지 않은 내용에는 ×를 쓰세요.

2. 대화를 듣고 질문의 답을 그림에서 선택하세요..

(1) テミン君は昨日何を勉強しましたか。（　c　）

(2) あやかさんとテミン君は本屋で何を買いましたか。

あやか ⇒ （　c　）　　　テミン君 ⇒ （　b　）

※ 小説 소설

한자	뜻	읽는 방법	쓰는 순서	관련어
西	서녘 서	① せい、さい ② にし	西	西洋 (せいよう) 서양 西 (にし) 서쪽 関西 (かんさい) 간사이 (일본의 관서지방)
南	남녘 남	① なん ② みなみ	南	南北 (なんぼく) 남북 南北統一 (なんぼくとういつ) 남북통일 南 (みなみ) 남쪽
北	북녘 북	① ほく、ほっ ② きた	北	北海道 (ほっかいどう) 북해도 도청소재지가 눈 축제 등으로 유명한 さっぽろし(市)이고, 일본열도 최북단에 위치한 섬 東北 (とうほく) 동북 北 (きた) 북쪽
古	옛 고	① こ ② ふるい	古	古代 (こだい) 고대 古本 (ふるほん) 헌 책 =古書 (こしょ) 고서 古い (ふるい) 낡다
今	이제 금	① こん ② いま	今	今度 (こんど) 다음 今 (いま) 지금 今日 (きょう) 오늘

체크

사실 한자는 일본어를 공부하려면 반드시 필요하지만 현장 교육에서는 여러 가지 면을 고려할 때, 어려울 것으로 생각됩니다. 하지만, 드물게 한자를 공부한 학생들이나, 일본어를 열심히 공부하려는 학생들을 위해서 '한자 공부'를 실었습니다. 이 점 참고하여 지도해 주시길 바랍니다.

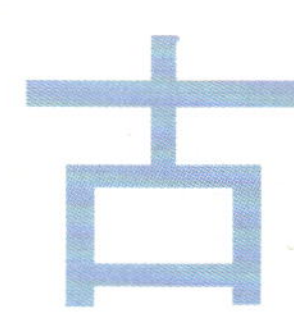

준비물

동사 글자 카드

게임방법

❶ 4~6명씩 조를 만든다.

❷ 동사카드를 골고루 섞은 후 책상 위에 뒤집어 쌓아둔다.

❸ 순서를 정하여 한 장씩 카드를 뒤집는다.

❹ 뒤집은 동사를 읽고 동사의 종류를 정확히 구분하고 지시에 따른다.

⇒ 2그룹동사[1단 동사]가 나오면

본인이 가진 카드를 모두 책상 위로 내놓는다.

⇒ 1그룹동사[5단 동사]가 나오면

카드를 본인이 가져간다.

⇒ 3그룹동사[변격 동사]가 나오면

다른 학생이 가진 카드와 책상 위에 쌓인 카드를 모두 가져간다.

⇒ 예외 1그룹동사가 나오면

책상 위에 쌓여 있는 카드를 모두 가져간다.

❺ 마지막까지 카드를 뒤집어 가장 많은 카드를 가져간 학생이 승~!

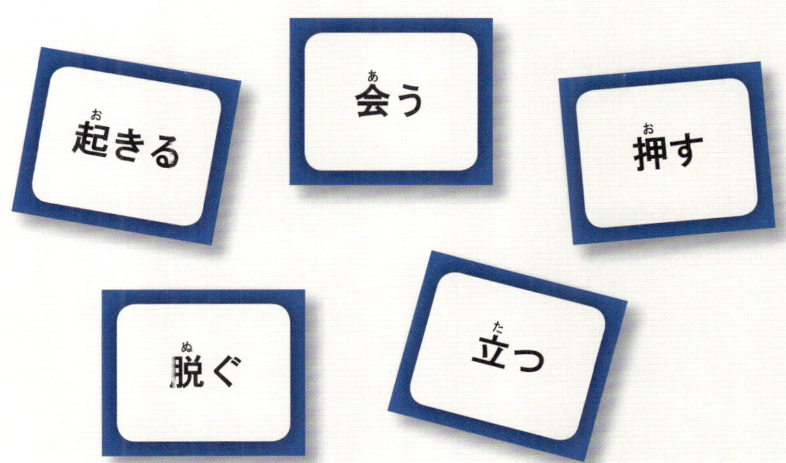

にゅうがくしき
入学式 입학식

아리가또 2에서는 일본 중학생들의 학교생활에 관해서 중점적으로 소개하고 있습니다. 우리 중학교 학생들의 학교생활과 비교해서 같은 점, 다른 점을 알아 보는 것도 재미있을 것입니다.

해마다 4월이 되면 벚꽃이 활짝 핀 가운데 입학식이 열립니다. 1학년에 입학한 신입생들을 위한 행사이지요.

일본에서는 초등학교를 '소학교(小学校 しょうがっこう)'라고 하는데요, 소학교를 졸업하고 중학교 교복을 입은 1학년들은 설레는 마음으로 입학식에 참석합니다.

입학식 풍경을 살펴볼까요?

다 아시다시피 일본의 초, 중, 고 입학식은 우리 나라보다 약 한 달이 늦은, 대개 4월 7~10일 사이에 행해지며, 3월은 봄방학입니다. 그리고 우리는 졸업식을 중요시하는 반면에 일본에서는 입학식을 더 중요하게 생각합니다.

설레임으로 가득한 입학식

중학교 생활을 향한 힘찬 첫걸음

긴장된 모습들

선배들의 연주에 숙연해집니다

기악부의 연주

새로운 반 발표!!

교장선생님 말씀은 짧을수록 좋지요?

담임선생님 소개의 시간

3과

この辺に本屋はありますか。

이 주변에 서점은 있습니까?

학습목표

- 존재를 나타내는 동사 「いる·います」 「ある·あります」 학습
- 「장소 + に」 형태로 존재문의 문형 익히기
  (1) 「(장소) に (사람, 동물) が います」
     「(사람, 동물) は (장소) にいます」
  (2) 「(장소) に (물건) が あります」
     「(물건) は (장소) に あります」

部屋の中にいます。

子犬は
どこにいますか。

ねこは
どこにいますか。

ベッドの上にいます。

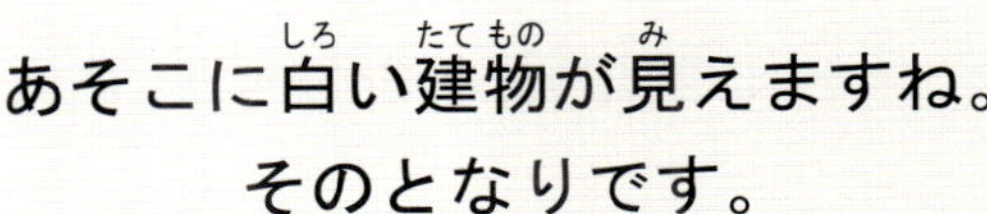

郵便局は
どこにありますか。

あそこに白い建物が見えますね。
そのとなりです。

この辺に本屋は
ありますか。

この辺にはありませんが、
駅の近くにあります。

３課　この辺（へん）に本屋（ほんや）はありますか。

テミン　すみません。郵便局（ゆうびんきょく）はどこにありますか。

通行人（つうこうにん）　郵便局（ゆうびんきょく）ですか。あそこに白（しろ）い建物（たてもの）が見（み）えますね。

テミン　はい。

通行人（つうこうにん）　そのとなりです。

テミン　それから、この辺（へん）に本屋（ほんや）はありますか。

通行人（つうこうにん）　この辺（へん）にはありませんが、駅（えき）の近（ちか）くにありますよ。

テミン　そうですか。どうもありがとうございます。

通行人（つうこうにん）　いいえ、どういたしまして。

새로 나온 단어

ゆうびんきょく (郵便局) 우체국	うさぎ 토끼
しろい (白い) 하얗다	つくえ (机) 책상
たてもの (建物) 건물	つうこうにん (通行人) 행인, 지나가는 사람
みえる (見える) 보이다	ひきだし (引き出し) 서랍
このへん (この辺) 이 근처	テーブル 테이블
えき (駅) 역	こくばん (黒板) 칠판
ちかく (近く) 근처	だいどころ (台所) 부엌
けしゴム (消しゴム) 지우개	ねこ (猫) 고양이
こいぬ (子犬) 강아지	ぶんぼうぐや (文房具屋) 문구점
ベッド (bed) 침대, 베드	スーパー 슈퍼마켓
ぎんこう (銀行) 은행	かど (角) 모퉁이
びょういん (病院) 병원	みち (道) 길

1 ~に (장소)　~에
조사

例)　この辺に本屋はありますか。
郵便局は銀行のとなりにあります。
机の上に本があります。

2 ある(사물, 식물)・いる(사람, 동물)　있다
동사

있습니다	없습니다	있었습니다	없었습니다
あります	ありません	ありました	ありませんでした
います	いません	いました	いませんでした

例)　机の上に消しゴムがあります。
かばんの中には何もありません。
子犬はベッドの横にいます。
山田さんは教室にいました。

다음과 같이 말해 볼까요?

1. <u>郵便局</u>はどこにありますか。
①

<u>銀行のとなり</u>にあります。
②

例)

1) 日本語の本
引き出しの中

2) 雑誌
テーブルの下

3) 消しゴム
机の上

2. <u>子犬</u>はどこにいますか。
①

<u>ベッドの横</u>にいます。
②

例)

1) 先生
黒板の前

2) 猫
車の後ろ

3) お母さん
台所

3. この辺に<u>本屋</u>はありますか。
①

<u>駅の近く</u>にあります。
②

例)

1) 交番
あのビルのとなり

2) 文房具屋
学校の前

3) スーパー
あの道の角

다음 그림을 보고 보기와 같이 말해 보세요.

1) 보기 <ruby>郵便局<rt>ゆうびんきょく</rt></ruby>はどこにありますか。

<ruby>銀行<rt>ぎんこう</rt></ruby>のとなりにあります。

답 ＿＿＿＿＿＿＿＿はどこにありますか。

＿＿＿＿＿＿の＿＿＿＿＿にあります。

2) 보기 <ruby>子犬<rt>こ いぬ</rt></ruby>はどこにいますか。

ベッドの<ruby>横<rt>よこ</rt></ruby>にいます。

답 ＿＿＿＿＿＿＿＿はどこにいますか。

＿＿＿＿＿＿の＿＿＿＿＿にいます。

1. 아래 보기 그림을 보고 예와 같이 말해보세요.

ほん や｜ぎん こう
本屋｜銀行

예) A: この<ruby>辺<rt>へん</rt></ruby>に<ruby>本屋<rt>ほん や</rt></ruby>がありますか。
　　 B: <ruby>銀行<rt>ぎん こう</rt></ruby>のとなりに<ruby>本屋<rt>ほん や</rt></ruby>があります。

1)

びょういん｜えき
病院｜駅

A: この<ruby>辺<rt>へん</rt></ruby>に＿＿病院＿＿がありますか。
B: ＿駅＿のとなりに＿＿病院＿＿があります。

2)

ほん や｜がっこう
本屋｜学校

A: この<ruby>辺<rt>へん</rt></ruby>に＿＿本屋＿＿がありますか。
B: ＿＿学校＿＿のとなりに＿本屋＿があります。

2. 아래 그림의 단어를 보고 존재표현을 연습해 보세요.

1) ウサギが＿います＿。　2) <ruby>本<rt>ほん</rt></ruby>が＿あります＿。　3) <ruby>先生<rt>せんせい</rt></ruby>が＿います＿。　4) <ruby>机<rt>つくえ</rt></ruby>が＿あります＿。

1. 다음 대화를 듣고 그림과 맞으면 ○, 틀리면 ×를 쓰세요.

(1) (○) (2) (×) (3) (×) (4) (×) (5) (○)

2. 다음 대화를 잘 듣고 그림에서 선택하세요.

(1) (a)　　　　(2) (d)

(3) (b)　　　　(4) (d)

한자	뜻	읽는 방법	쓰는 순서	관련어
時	때 시	① じ ② とき	時	時刻表 (じこくひょう) 열차, 버스 등의 발차나 도착시간을 나타낸 표 時間 (じかん) 시간 時時 (ときどき) 때때로
空	빌 공	① くう ② そら	空	空港 (くうこう) 공항 成田空港 (なりたくうこう) 나리타공항 空 (そら) 하늘
朝	아침 조	① ちょう ② あさ	朝	早朝 (そうちょう) 조조 朝食 (ちょうしょく) 조식 朝 (あさ) 아침
夜	밤 야	① や ② よ、よる	夜	夜間 (やかん) 야간 夜景 (やけい) 야경 夜 (よる) 밤
春	봄 춘	① しゅん ② はる	春	青春 (せいしゅん) 청춘 立春 (りっしゅん) 입춘, 양력 2월 4일경 春 (はる) 봄

朝

게임방법

❶ 조를 4~8명 정도로 나눈다.

❷ 각 조의 대표가 한 명씩 나온다.

❸ 선생님이 上, 下, 前, 後ろ, 左, 右 방향 중 한 방향을 말하면 손으로 그 방향을 가리킨다.

❹ 한 학생 당 3~5번을 실시하여 정확히 가리킨 조에게 점수를 준다.

❺ 나머지 조원들이 모두 겨루어 가장 많은 점수를 받은 조가 승~!

게임응용

위치 가리킬 때 홍기, 백기 준비하여 게임을 해도 좋다.

じかんわり
時間割 시간표

일본의 중학교 필수과목은 국어(일본어), 수학, 사회, 자연, 음악, 미술, 보건체육, 기술가정입니다. 우리나라와 거의 비슷하지요? 여기에 추가적으로 외국어(영어)나 도덕 등의 과목이 들어갑니다. 그 밖에도 다양한 체험을 할 수 있는 종합학습 시간이 추가되거나 선택교과가 따로 마련된 학교도 있습니다.

교실에 붙어있는 시간표 모습을 잠깐 살펴볼까요?

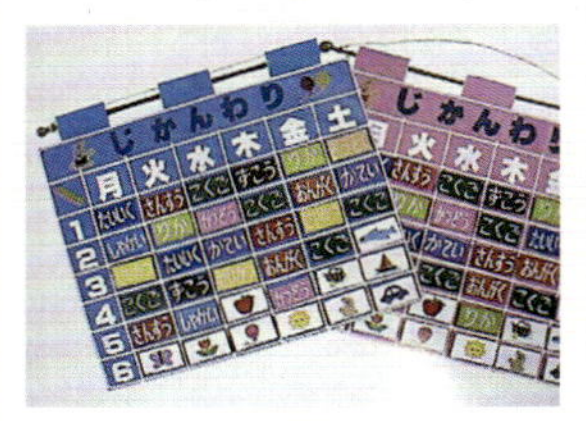

소학교(초등학교)

중학교

고등학교

그리고 교실 밖에서 하는 특별활동도 다양하게 마련되어 있습니다. 학급활동, 학생회활동, 클럽활동, 학교행사 등으로 나누어 볼 수 있는데요, 우리나라에 비해서 클럽활동이 활발한 편입니다. 축구부, 농구부, 미술반 등 방과 후에는 대부분의 학생들이 각자의 클럽활동을 즐기고는 합니다.

아무래도 운동부가 가장 많겠지요?

기악반 등 음악부도 꽤나 본격적 입니다

미술반에 들어가 취미활동을 즐기는 것도 좋겠네요

4과

焼肉（やきにく）が一番（いちばん）
食（た）べたいです。

불고기를 가장 먹고 싶습니다

※ 희망 조동사 ～たい 교수법

【1】 먼저 ～たい는 동사의 ます형에 준해서 어미 변화를 한다는 것을 설명합니다. 즉, 1그룹 동사는 어미 う단을 이단으로 고치고 たい를 붙이고, 2그룹 동사는 る를 빼고 たい를, 3그룹 동사 来る는 きたい로, する는 したい로 어미 변화한다는 것을 설명합니다.

【2】 食べる나 行く와 같은 동사로 보통체 たい의 어미 변화를 설명합니다.

예)　食べる　　　　먹다
　　　食べたい　　　먹고 싶다　　　　（보통체의 현재형）
　　　食べたかった　먹고 싶었다　　　（보통체의 과거형）
　　　食べたくない　먹고 싶지 않다　　（보통체의 현재 부정형）
　　　食べたくなかった　먹고 싶지 않았다　（보통체의 과거 부정형）

학습목표

▌1, 2인칭의 희망·욕구표현의 [～たい] 용법 학습

▌비교의 문형
[～中（なか）で～が～一番（いちばん）好（す）きですか] : 3가지 이상의 사물을 비교 선택할 때

▌역접의 접속조사 「けれども、けど」와 방향을 나타내는 조사 「～へ」학습

위와 같이 보통체의 たい 어미 변화를 먼저 설명하고 정중체를 만들 때는 たい는 イ형용사 어미 변화를 하기 때문에 です를 붙이면 정중체가 된다고 설명합니다. 이 때 ～くないです는 아리가또 1권의 イ형용사 편에서 배운 바와 같이 ～くありません으로, ～くなかったです는 ～くありませんでした로 바꿔 쓸 수 있다고 설명합니다.

【3】 行く와 같은 1그룹 동사도 위와 같이 어미 변화를 시키고 たい의 보통체, 정중체의 현재형, 과거형, 현재 부정형, 과거 부정형에 대한 たい 어미 변화를 학습자들에게 따라 읽게 해서 익숙해질 수 있게 합니다.

【4】 1, 2그룹 동사 2~3개 정도 예를 들고 학습자들에게 위와 같이 만들어 보게 합니다. 이 때, 선생님들은 학습자들이 정확하게 어미 변화를 시키는지를 확인하고 틀린 학습자들에게는 무엇이 틀린 지를 이해시키기 바랍니다.

【5】 조동사 たい는 조사를 が나 を를 취하지만 여기서는 が로 통일하였습니다.

韓国料理の中で何が一番食べたいですか。

キムチ

ビビンパ

焼肉

とうきょう
東京

おおさか
大阪
UNIVERS

さっぽろ
札幌

に ほん　　　　　い
日本のどこへ行きたいですか。

４課　焼肉が一番食べたいです。

テミン　先生はどんな韓国料理が好きですか。

田中先生　韓国料理は何でも好きです。

特にキムチが好きです。

テミン　へえ、キムチですか。辛くありませんか。

田中先生　辛いけど、おいしいです。

テミン　あやかさんは韓国料理の中で何が一番食べたいですか。

あやか　私は焼肉が一番食べたいです。

テミン君は日本のどこへ行きたいですか。

テミン　ぼくは大阪へ行きたいです。

새로 나온 단어

やきにく (焼肉) 불고기	おおさか (大阪) 오사카 (일본 지명)	なんでも (何でも) 뭐든지
いちばん (一番) 가장, 제일	さっぽろ (札幌) 삿뽀로 (일본 지명)	てぶくろ (手袋) 장갑
どんな 어떤, 어떠한	くま 곰	カレー 카레
とくに (特に) 특히, 특별히	にんぎょう (人形) 인형	ハンバーガー 햄버거
キムチ 김치	どうぶつ (動物) 동물	ピザ 피자
からい (辛い) 맵다	やさい (野菜) 야채	ゆうえんち (遊園地) 유원지, 놀이공원
けど 그렇지만 (=けれども)	にんじん 당근	ちゅうごく (中国) 중국
とし (都市) 도시	くだもの (果物) 과일	アメリカ 미국
じんこう (人口) 인구	いちご 딸기	イギリス 영국
ばんぐみ (番組) TV프로그램	かしゅ (歌手) 가수	ハワイ 하와이
せかい (世界) 세계	おかね (お金) 돈	シャンハイ (上海) 중국 상하이

1 동사의 ます형＋たい ~하고 싶다 　조동사

> 1그룹 동사 (5단 동사) : う단 → い단 ＋ たい
> 2그룹 동사 (1단 동사) : る → たい
> 3그룹 동사 (변격 동사) : くる → きたい、する → したい

例) 私は焼肉が一番食べたいです。

ぼくはディズニーランドに行きたいです。

このまんがはあまり読みたくありません。

체크
희망 조동사 たい에 대한 설명은 43p를 참고하시기 바랍니다.

2 ~けど ~(지)만 　접속조사

例) キムチは辛いけど、おいしいです。

デジカメが買いたいけど、お金がないです。

あのレストランはおいしいけど、値段が少し高いです。

체크
접속조사 ~が는 ~けど와 바꿔 쓸 수가 있습니다.

3 ~の中で ~が一番 ~ですか ~중에서 ~을/이 가장 ~합(입)니까?

例) 韓国料理の中で何が一番食べたいですか。

スポーツの中で何が一番好きですか。

日本の都市の中でどこが一番人口が多いですか。

체크
3번 문형은 셋 이상의 사물 중에서 하나를 선택하는 문형입니다. 예문에 있는 문장을 가지고 학습자들에게 회화연습을 시켜도 좋을 것 같습니다.

4 ~へ ~에/ ~(으)로 　조사

例) テミン君は日本のどこへ行きたいですか。

昨日金さんは韓国へ帰りました。

明日ぼくの友だちが日本へ来ます。

체크
조사 ヘ와 に의 차이점: 조사 ヘ와 に는 우리 말의 '~에'로 해석할 수 있으나 조사 ヘ는 반드시 동작성 동사(예: 行く, 来る, 帰る, 入(はい)る, 出(で)る 등)와 사용할 수 있으며 조사 に는 동작성 동사 및 존재나 상태를 나타내는 동사하고도 사용할 수 있습니다.
예) あした、田中さんは日本へ帰ります。 机の上にほんがあります。
　　　　　　　　　に (o) 　　　　　へ (X)

다음과 같이 말해 볼까요?

1. 先生はどんな韓国料理が好きですか。
　　① ②

　　　　　　韓国料理は何でも好きです。
　　　　　　②

例)

1) あやかさん
音楽

2) テミン君
スポーツ

3) 佐藤さん
アニメ

2. 韓国料理の中で何が一番食べたいですか。
　　① ②

　　　　　　焼肉が一番食べたいです。
　　　　　　③ ②

例)

1) 飲み物、飲む
コーラ

2) 外国語、勉強する
日本語

3) テレビ番組、見る
ドラマ

3. 日本のどこへ行きたいですか。
　　①

　　　　　　大阪へ行きたいです。
　　　　　　②

例)

1) 世界
イギリス

2) 中国
上海

3) アメリカ
ハワイ

그림을 보고 다음 보기와 같이 말해 보세요.

1) 보기　何が買いたいですか。

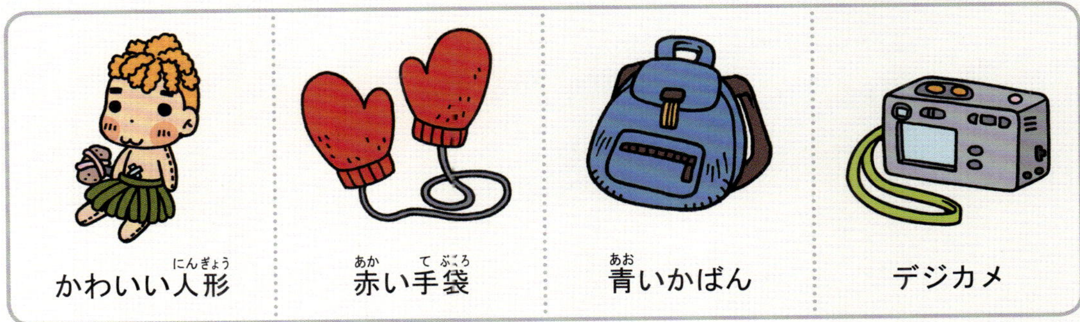

2) 何が食べたいですか。

3) どこへ行きたいですか。

1. 아래 보기 그림을 보고 예와 같이 말해보세요.

映画を見る

예) A: 何がしたいですか。
B: 映画が見たいです。

1)

テレビを見る

A : 何がしたいですか。
B : ＿＿テレビ＿＿ が 見たい です。

2)

本を読む

A : 何がしたいですか。
B : ＿＿本＿＿ が 読みたい です。

3)

人形を買う

A : 何がしたいですか。
B : ＿＿人形＿＿ が 買いたい です。

4)

うどんを食べる

A : 何がしたいですか。
B : ＿＿うどん＿＿ が 食べたい です。

2. 아래 예문처럼 적절한 단어를 넣어서 말해보세요.

예문　A : 日本料理の中で何が一番好きですか。
B : うどんが一番好きです。

1) 動物	2) 野菜	3) 果物	4) 飲み物
何が	何が	何が	何が
好きだ	嫌いだ	好きだ	好きだ
くま	にんじん	いちご	ジュース

A : 動物の中で何が一番好きですか。
B : くまが一番好きです。

A : 野菜の中で何が一番嫌いですか。
B : にんじんが一番嫌いです。

A : 果物の中で何が一番好きですか。
B : いちごが一番好きです。

A : 飲み物の中で何が一番好きですか。
B : ジュースが一番好きです。

1. 다음 대화를 잘 듣고 지금 무엇을 제일 원하고 있는지 선으로 연결하세요.

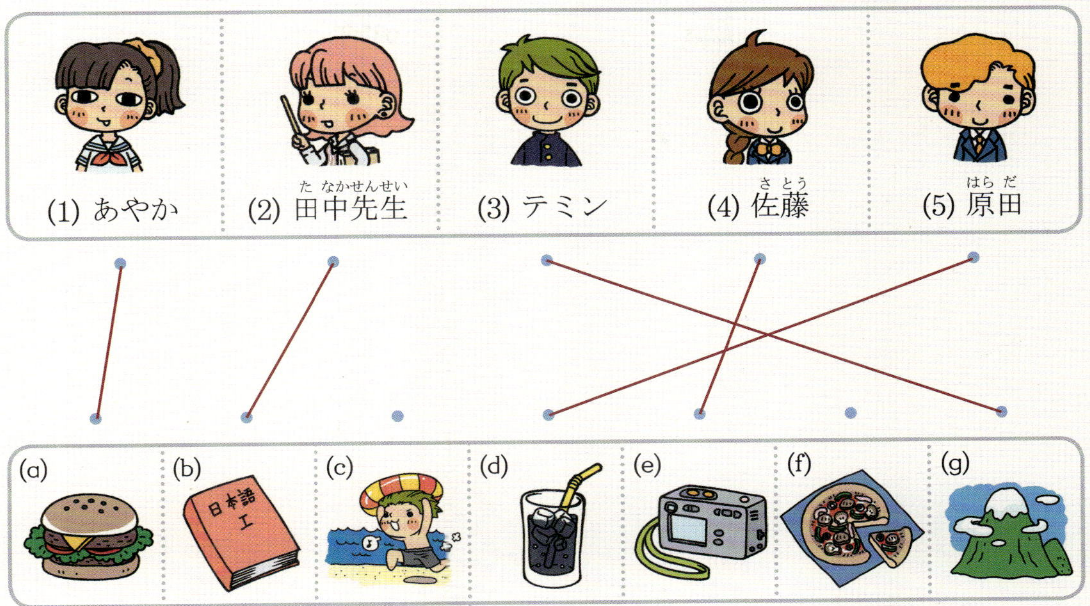

2. 다음 대화를 잘 듣고 그림과 일치하면 ○표, 틀리면 ×표를 쓰세요.

한자	뜻	읽는 방법	쓰는 순서	관련어
夏	여름 하	① か ② なつ	夏	夏期 (かき) 하기 夏休み (なつやすみ) 여름방학 夏 (なつ) 여름
秋	가을 추	① しゅう ② あき	秋	秋季運動会 (しゅうきうんどうかい) 가을 운동회 秋分 (しゅうぶん) 추분 秋 (あき) 가을
冬	겨울 동	① とう ② ふゆ	冬	冬季 (とうき) 동계 冬眠 (とうみん) 동면(겨울 잠) 冬 (ふゆ) 겨울
鳥	새 조	① ちょう ② とり	鳥	鳥類 (ちょうるい) 조류 一石二鳥 (いっせきにちょう) 일석이조 鳥 (とり) 새 小鳥 (ことり) 작은 새
牛	소 우	① ぎゅう ② うし	牛	牛肉 (ぎゅうにく) 소고기 牛 (うし) 소 子牛 (こうし) 송아지

게임방법

❶ 분단 별로 한 줄이 한 조가 된다.

❷ 맨 뒷자리의 학생에게 다양한 동사가 적힌 시트지를 나눠준다.

❸ 선생님의 시작 구호에 맞춰 가장 뒷자리 학생부터 시트지에 동사의 [~たい]형을 만들어 적어 넣는다.

❹ 다 적으면 앞의 학생에게 넘긴다. 제일 앞자리 학생까지 정확하게 적어, 가장 빠르게 도착한 조가 승~!

〈시트지 예〉

동사	~たい
食_たべる	
勉強_{べんきょう}する	
洗_{あら}う	
教_{おし}える	
入_{はい}る	

けんこうしんだん
健康診断 건강진단

일본에서도 학기 초가 되면 건강진단을 합니다. 건강진단에는 어떤 종류가 있을까요?

우선 보건조사라고 해서 지금까지 걸렸던 병은 없는지, 지금 건강한 상태인지를 의사 선생님이 학교에 방문해서 검사합니다. 배 속이 건강한지 내과진단을 하고, 결핵검사, 심전도 검사, 기생충검사, 배변검사 등을 합니다.

그 밖에도 안과검사, 이비인후과 검사, 시력검사, 청력검사가 있습니다.

충치는 없는지 치과 검사도 빼 놓을 수 없겠죠?

그 다음으로 키, 몸무게 등을 재서 기록하는 신체측정을 합니다.
1년 사이에 얼마나 더 자랐을까요?

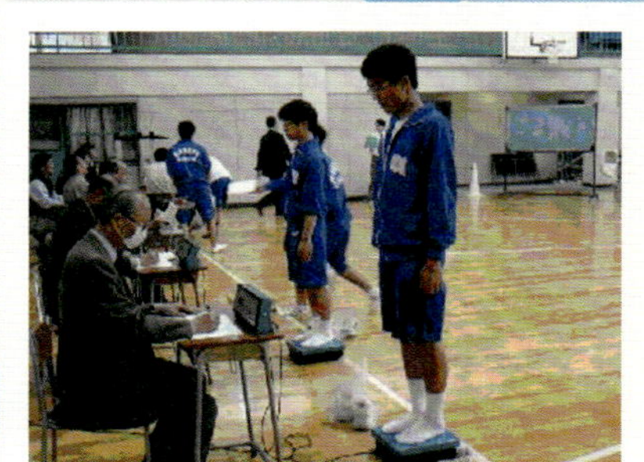

友だちにメールを送っています。

체크

※ 동사의 て형 교수법

【1】 먼저 동사의 て형이란 우리 말에서 '~고/서'로 해석된다는 것을 설명합니다. 기존에 배운 명사나 ナ형용사는 ~で로, イ형용사는 ~くて로 나타냈는데 동사에서는 ~て로 나타낸다는 것을 이야기합니다. 즉, 우리 말의 동사, 먹다가 '먹고/먹어서'로, 읽다가 '읽고/읽어서'로 어미 변화하는 것 같이 일본어에서는 ~て로 어미 변화한다는 것을 설명합니다.

【2】 동사의 て형 변화 공식을 적습니다.

    1그룹 동사 : う, つ, る→って   2그룹 동사 : る→て
              ぬ, む, ぶ→んで
              く→いて
              ぐ→いで
              す→して
    3그룹 동사 : 来(く)る→来(き)て, する→して

【3】 1그룹 동사, 2그룹 동사의 예를 들어가며 て형 변화를 설명합니다. 예를 들어 会う는 会って, 待つ는 待って, 取る는 取って, 読む는 読んで…… 하나 하나 예를 들어 자세히 설명합니다. 2그룹 동사도 마찬가지로 설명합니다. 이 때, 1그룹 동사의 る와 2그룹 동사의 る를 착각해서 어미 변화를 틀리거나, ぬ, む, ぶ→んで에서 탁음을 빼먹는 학습자들이 많기 때문에 유의하셔서 지도하시기 바랍니다.

【4】 3그룹 동사는 불규칙적으로 어미 변화를 하기 때문에 외울 수밖에 없다고 설명합니다.

【5】 마지막으로 동사의 て형에서 行く는 行いて가 아니라 발음을 편하게 하기 위해서 行って로 어미 변화가 되는 예외 동사라는 것을 학습자들에게 설명해서 기억에 남도록 합니다.

【6】 동사의 て형에 준해서 어미 변화를 하는 조동사, 접미어 등이 많기 때문에 동사의 て형 공식은 반드시 학습자들이 외울 수 있도록 합니다.

【7】 학습자들이 이해하였는지를 확인하기 위해 10~12개 정도의 1그룹 동사, 2그룹 동사를 골고루 섞어 칠판에 적은 다음, (아니면 프린트물로 만들어서) 학습자들이 직접 동사의 て형 변화를 만들어 보도록 합니다.

학습목표

▌ 동사의 「て형」 익히기
  (1) 「て형」을 사용한 문형 → 「~ています」

▌ 조사 「に」 용법 익히기
  (1) 동작의 대상이 되는 [사람, 장소]
  (2) 동작의 [목적]

朝（あさ）ごはんを食（た）べる

学校（がっこう）へ行（い）く

歯（は）を磨（みが）く

朝（あさ）ごはんを食（た）べて、歯（は）を磨（みが）いて、学校（がっこう）へ行（い）きます。

テレビを見（み）る

友（とも）だちと遊（あそ）ぶ

１０時（じ）に寝（ね）る

友（とも）だちと遊（あそ）んで、テレビを見（み）て、10時（じ）に寝（ね）ました。

何をしていますか？

雑誌を読む

↓

雑誌を読んでいます。

音楽を聞く

↓

音楽を聞いています。

映画を見る

↓

映画を見ています。

5課　友だちにメールを送っています。

テミン	もしもし。
あやか	テミン君ですか。あやかです。
テミン	ああ、こんにちは。
あやか	こんにちは。いま、何をしていますか。
テミン	韓国の友だちにメールを送っています。
あやか	明日、本を読みに図書館へ行きませんか。
テミン	いいですよ。 じゃ、午前11時に図書館の前で待っています。
あやか	午前11時ですね。分かりました。

새로 나온 단어

ともだち (友だち) 친구	はやく(早く) 일찍	みせる (見せる) 보이다, 보여주다
メール 메일	ようじ (用事) 볼일, 용건	しょうかい (紹介) 소개
おくる (送る) 보내다	ことし (今年) 올해	もらう 받다
もしもし 여보세요	にゅうがく (入学) 입학	しゃしん (写真) 사진
としょかん (図書館) 도서관	くすり (薬) 약	テニス 테니스
あう (会う) 만나다	しょくごに (食後に) 식후에	しゅうまつ (週末) 주말
わかる (分かる) 알다, 이해하다	しずかに (静かに) 조용히	こんばん (今晩) 오늘 밤
ぎゅうにゅう (牛乳) 우유	そろそろ 이제, 슬슬	すいか 수박
ゆうべ 어젯밤	あらう (洗う) 씻다	ドラマ 드라마
つかれる (疲れる) 피곤하다	プレゼント 선물	

1　동사의 て형　~고/서

> 1그룹 동사 (5단 동사) : う、つ、る → って ｜ ぬ、む、ぶ → んで
> 　　　　　　　　　　　く → いて ｜ ぐ → いで ｜ す → して
> 　　　　　　　　　　　　　　　　　　※ 예외 : 行く → 行って
>
> 2그룹 동사 (1단 동사) : る → て
> 3그룹 동사 (변격 동사) : 来る → 来て ｜ する → して
>
> 예) 会う(만나다)　　　帰る(돌아가(오)다)　　読む(읽다)
> 　　　って(만나고/만나서)　って(돌아가고/가서)　んで(읽고/읽어서)
> 　　遊ぶ(놀다)　　　書く(쓰다)　　　　話す(말하다)
> 　　　んで　　　　　いて　　　　　　して
> 　　起きる(일어나다)　見る(보다)　　　食べる(먹다)
> 　　　て　　　　　　て　　　　　　て

例) 朝ごはんを食べて、歯を磨いて、学校へ行きます。

　　朝8時に起きて、牛乳を飲みました。

　　ゆうべ疲れて、早く寝ました。

> **체크**
> 동사의 て형 변화에 대한 설명은 55p 동사의 て형 교수법을 참고하시기 바랍니다.

2　~に (사람)　~에게　　〔조사〕

例) 友だちにメールを送りました。

　　明日先生に話します。

　　用事があって、母に電話しました。

> **체크**
> 사람을 나타내는 명사 뒤에 오는 조사 には '~에게' 로 해석합니다. 조사의 용법은 새로운 용법이 나올 때마다 학습자들의 학습효과를 위해서 기존에 나왔던 용법을 반복 설명해 주는 것이 좋습니다. 즉, 1과에서 나온 시간을 나타내는 명사 뒤에 오는 조사 に와 3과에서 나온 장소를 나타내는 명사 뒤에 오는 조사 に는 '~에' 로 해석했다는 것을 예를 들어 설명합니다.
> 예)毎朝何時に起きますか。　机の上に本があります。

3　~ている　~하고 있다　　〔동작의 진행〕

例) 韓国の友だちにメールを送っています。

　　ぼくは音楽を聞いています。

　　友だちは雑誌を読んでいます。

> 일본어 문형을 설명할 경우는 항상 먼저 우리 말로 예를 들어 설명하는 것이 학습자들의 이해를 돕는데 효과적입니다. 밥을 먹고 있다 에서 '먹고 있다' 라든가, 음악을 듣고 있다 에서 '듣고 있다' 와 같은 〈동작의 진행〉을 일본어로 나타내려면 동사를 て형 변화를 시킨 다음 いる를 붙이면 되고 우리 말에서는 ~하고 있다로 해석된다고 설명합니다.
> **체크**　예) 먹고 있다 食べている　　듣고 있다 聞いている
> 　　　　　　말하고 있다 話している　　읽고 있다 読んでいる

4　동사의 ます형＋に (목적)　~(하)러　　〔조사〕

例) 明日、本を読みに図書館へ行きませんか。

　　靴を買いにデパートへ行きます。

> **체크**
> 우리 말에서 밥을 먹으러 식당에 갑니다, 또는 책을 읽으러 도서관에 갑니다로 말할 때, 먹으러, 읽으러, 사러, 놀러 라는 표현을 일본어로 말할 때는 동사의 ます형에 に를 붙입니다. 다시 말해서 동사를 ます형 변화를 시켜서 ます 대신에 に를 붙입니다.　예)食べます→食べに
> 読みます→読みに　買います→買いに　遊びます→遊びに

다음과 같이 말해 볼까요?

1. いま、何^{なに}をしていますか。

<u>ごはん</u>を<u>食^たべて</u>います。
　① 　　②

例)

1) 音楽^{おんがく}
聞^きく

2) 手^て
洗^{あら}う

3) まんが
読^よむ

2. <u>友^{とも}だち</u>に<u>メール</u>を<u>送^{おく}りました</u>。
　　① 　　　② 　　　　③

例)

1) 先生^{せんせい}
私^{わたし}の写真^{しゃしん}
見^みせる

2) 妹^{いもうと}
ぼくの友^{とも}だち
紹介^{しょうかい}する

3) 後輩^{こうはい}
プレゼント
もらう

3. <u>明日^{あした}</u>、<u>図書館^{としょかん}へ</u> <u>行^いきませんか</u>。
　① 　　　② 　　　　③

例)

1) あさって
デパートで
会^あう

2) 今晩^{こんばん}、いっしょに
ドラマを
見^みる

3) 週末^{しゅうまつ}
テニスを
する

회화연습

다음 그림을 보고 보기와 같이 말해 보세요.

1) 보기　何をしていますか。

牛乳を飲んでいます。

답　何をしていますか。

＿＿＿＿＿＿＿を＿＿＿＿＿＿＿います。

2) 보기　ごはんを食べて、歯を磨きました。

답　＿＿＿＿＿を＿＿＿＿て、＿＿＿＿＿を＿＿＿＿＿ました。

1. 다음의 각 동사를 동사의 て형으로 고쳐보세요.

1) 買^かう ⇒ (買って)　2) 持^もつ ⇒ (持って)

3) 飛^とぶ ⇒ (飛んで)　4) 飲^のむ ⇒ (飲んで)

5) 走^{はし}る ⇒ (走って)　6) 死^しぬ ⇒ (死んで)

7) 寝^ねる ⇒ (寝て)　8) 入^{はい}る ⇒ (入って)

9) 洗^{あら}う ⇒ (洗って)　10) 行^いく ⇒ (行って)

2. 다음 괄호 안의 단어를 올바른 형태로 바꿔서 문장을 완성하세요.

1) 毎朝^{まいあさ}7時半^{じはん}に(起^おきる⇒ 起きて)、新聞^{しんぶん}を読^よみます。
매일 아침 7시 반에 일어나서, 신문을 읽습니다.

2) ごはんを(食^たべる⇒ 食べて)、テレビを(見^みる⇒ 見て)、
そして宿題^{しゅくだい}をしました。 식사를 하고 텔레비전을 보고 그리고 숙제를 했습니다.

3) 今日^{きょう}はプレゼントをたくさん(もらう⇒ もらって)、とても
うれしかったです。 오늘은 선물을 많이 받아서 매우 기뻤습니다.

※ 嬉^{うれ}しい 기쁘다

3. 다음의 우리말을 보고 문장을 완성하세요.

1) 남동생은 만화책을 읽고 있습니다.
　⇒ おとうとは漫画^{まんが}を(読んで)います。

2) 함께 사진을 찍으러 가지 않겠습니까?
　⇒ 一緒^{いっしょ}に写真^{しゃしん}を撮^とりに(行きませんか)。

3) 친구와 맛있는 주스를 마시고 있습니다.
　⇒ 友^{とも}だちとおいしいジュースを(飲んで)います。

4) 새로 나온 책을 사러 갈까요?
　⇒ 新^{あたら}しく出^でた本^{ほん}を(買いに)行きましょうか。

1. 다음 대화를 잘 듣고 어느 학생인지 그림에서 선택하세요.

· あやか (c) · テミン (d) · 原田 (i)

· 山田 (j) · 左藤 (a) · 山本 (h)

2. 대화를 듣고 대화내용과 맞으면 〇, 틀리면 ×를 쓰세요.

(1) あやかさんはきのう家でビデオを見ました。(×)

(2) あやかさんは今、映画を見ています。(×)

(3) あやかさんは今日テミン君に会います。(〇)

(4) 今日友達があやかさんの家へ遊びに来ます。(〇)

(5) テミン君は今日、金さんに電話をします。(〇)

(6) 金さんは今日、テミン君の家へ遊びに行きます。(×)

한자	뜻	읽는 방법	쓰는 순서	관련어
馬	말 마	① ば ② うま	馬	競馬 (けいば) 경마 乗馬 (じょうば) 승마 馬 (うま) 말
魚	물고기 어	① ぎょ ② さかな、うお	魚	金魚 (きんぎょ) 금붕어 魚 (さかな) 생선 魚釣り (さかなつり) 낚시
肉	고기 육	① にく	肉	肉類 (にくるい) 육류 肉 (にく) 고기 肉食 (にくしょく) 육식
教	가르칠 교	① きょう ② おしえる	教	教師 (きょうし) 교사 教室 (きょうしつ) 교실 教える (おしえる) 가르치다
室	집 실	① しつ	室	地下室 (ちかしつ) 지하실 室内 (しつない) 실내 温室 (おんしつ) 온실

준비물

동사 글자카드

게임방법

❶ 6~10명으로 조를 만든다.

❷ 조원 수보다 많은 동사 카드를 준비하여 책상 위에 보이는 방향으로 펼쳐 놓는다.

❸ 조원들은 모두 자리에서 일어서고 선생님은 시작 신호를 준다.

❹ 시작 신호가 울리면 조원들은 눈으로 동사 카드 중에 하나를 선택하여 재빨리 [~ています] 형을 만들어 외치면서 앉아야 한다.

　예) 食べる ⇒ 食べています。

❺ 이 때 다른 조원과 동시에 외치면 안되며, 같은 동사를 사용해서도 안 된다. 이미 발표한 동사카드는 엎어 두도록 한다.

❻ 발표를 성공하면 자리에 앉고, 실패하면 다시 도전해야 한다. 마지막까지 앉지 못하는 학생이 패~!

じゅぎょうさんかん
授業参観 수업참관

우리 아이가 학교에서 어떻게 생활하고 있을까? 어떤 수업을 받고 있을까?
오늘은 일년에 한번 학부모들이 수업을 참관하러 오는 날입니다. 한국에서는 '공개수업'이라고도 하지요?
이 밖에도 학급간담회나 가정방문 등을 통해 학부모와의 교류가 이루어집니다.

● 학급 간담회

담임선생님과 학부모가 매 학기 마다 공부, 학교생활, 가정환경에 대해 이야기를 나눕니다.

● 가정 방문

담임선생님이 학생들의 집에 일일이 방문하며 가정생활에 관해 상담을 합니다.

6과

食べても
いいですか。

먹어도 됩니까?

학습목표

| 허락, 허가의 표현과 금지의 표현 익히기

| 원인, 이유의 「ので」 표현 익히기

| 수단, 도구의 「で」 표현 익히기

A これは日本語で何と言いますか。

B 日本語ですいかと言います。

A 食べてもいいですか。

B いいですよ。どうぞ。

A 暑いですね。

窓を開けてもいいですか。

B はい、開けてもいいです。

A 中^{なか}に入^{はい}ってもいいですか。

B いいえ、入^{はい}ってはいけません。

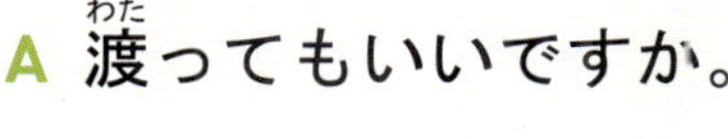

A 渡^{わた}ってもいいですか。

B いいえ、だめです。

A 写真^{しゃしん}を撮^とってもいいですか。

B いいえ、撮^とってはいけません。

6課 食べてもいいですか。

テミン　あやかさん、これ、日本語で何と言いますか。

あやか　すいかと言います。だれが買ってきましたか。

テミン　ぼくです。昨日からすいかが食べたかったので、
買ってきました。

あやか　食べてもいいですか。

テミン　いいですよ。どうぞ。

あやか　甘くておいしいですね。
このケーキも食べてもいいですか。

テミン　すみません。そのケーキは友だちの誕生日の
プレゼントなので、食べてはだめです。

なんと (何と) 무엇이라고	いたい (痛い) 아프다	おさき(先)に 먼저
だめだ 안 된다	かりる (借りる) 빌리다	しつれい(失礼)する 실례하다
ぐらい 정도	すわる (座る) 앉다	おどる (踊る) 춤추다
さわぐ (騒ぐ) 떠들다	ふる (降る) 내리다	アパート 아파트
ろうか (廊下) 복도	かぜ(風邪)をひく 감기에 걸리다	かう (飼う) (짐승을) 기르다
はしる (走る) 달리다	まど (窓) 창문	やさい (野菜) 야채
えんぴつ (鉛筆) 연필	かさ (傘) 우산	じゅぎょうちゅう (授業中) 수업중
おそく(遅く) 늦게	もつ (持つ) 들다, 갖다	きる (着る) 입다
あたま (頭) 머리	ふりょうひん (不良品) 불량품	おさけ (お酒) 술

1 ~てもいいです　~해도 좋습니다 (됩니다)　`허가·허락`

例) このケーキ、食べてもいいですか。｜ はい、食べてもいいです。

日本語で話してもいいです。

1時間ぐらい遊んでもいいです。

2 ~てはいけません(だめです)　~해서는 안됩니다　`조사`

例) 教室で騒いではいけません。

このケーキ、食べてはだめです。

廊下で走ってはいけません。

> **체크**
>
> 허가, 허락을 나타내는 문형 ~てもいいです와 금지의 문형 ~てはいけません(だめです)은 학습자들이 그다지 어려워하지 않는 문형입니다만, 몇 개의 예를 들어서 학습자들이 동사를 て형으로 어미 변화를 올바르게 시키는지에 유의해서 지도하시기 바랍니다. 보다 강한 금지를 나타낼 때는 ~てはいけません으로 표현합니다.

3 ~で (수단, 도구)　~(으)로　`조사`

例) これは日本語で何と言いますか。

学校までバスで行きます。

鉛筆で書いてはいけません。

> **체크**
>
> ※ 조사 で의 용법
> ① (장소) どこでくつを買いましたか。家でテレビを見ました。
> ② (수단, 도구) 東京まで飛行機で行きました。
> 　　　　　鉛筆で書いてはいけません。
> 먼저 조사 で의 용법을 설명하고, 문법공부의 예문을 읽고 설명합니다.

4 ~てくる　~해(하고) 오다

例) ちょっとスーパーへ行ってきます。

このケーキは山田さんが買ってきました。

弟と一緒にアニメを見てきました。

> **체크**
>
> 우리 말의 '~하고 오다' 는 일본어에서는 ~てくる로 표현하고, 먹고 오다, 사 오다, 갔다 오다 등을 예를 들고 일본어로는 食べてくる, 買ってくる, 行ってくる로 표현된다는 것을 설명합니다.

5 ~ので (원인, 이유)　~(이기) 때문에, ~이어서, ~이므로　`조사`

例) 明日は日曜日なので、家で休みます。

すいかが食べたかったので、買ってきました。

頭が痛いので、早く家へ帰ります。

> **체크**
>
> 조사 ので는 명사, ナ형용사, イ형용사, 동사의 연체형에 접속되나 명사, ナ형용사의 보통체 현재형에서만 なので로 접속된다는 것을 강조해서 설명합니다.
> 例) 明日は日曜日なので、家で休みます。
> 　　田中さんはきれいで親切なので、好きです。

다음과 같이 말해 볼까요?

1. <u>このすいか</u>、<u>食べても</u>いいですか。
　　　①　　　　　②

いいですよ。どうぞ。

例)

1) このまんが
借りる

2) ここに
座る

3) 家へ
帰る

2. <u>すいかが食べたかった</u>ので<u>買っ</u>てきました。
　　　　　　①　　　　　　　　　②

例)

1) 寒かった
コートを着る

2) 雪が降っている
傘を持つ

3) 風邪を引いている
病院へ行く

3. <u>教室で騒いでは</u>いけません(だめです)。
　　　　　①

例)

1) この雑誌を読む

2) 廊下で走る

3) 不良品を買う

다음 그림을 보고 보기와 같이 말해 보세요.

1) 보기 このすいか、食べてもいいですか。

いいですよ。どうぞ。

답 ＿＿＿＿＿＿(を)、＿＿＿＿＿いいですか。

いいですよ。どうぞ。

2) 보기 このケーキ、食べてもいいですか。

いいえ、食べてはいけません(だめです)。

※ 止める 세우다

답 ＿＿＿＿＿(を)、＿＿＿＿＿いいですか。

いいえ、＿＿＿＿＿いけません(だめです)。

1. 다음 예문을 읽고 괄호 안의 단어를 예문과 같이 고쳐봅시다.

> 예문　A：このケーキ、食べてもいいですか。
>
> 　　　　　　　　B：いいですよ。どうぞ。

1) この窓を（閉める⇒　　閉めても　　）いいですか。
이 창문을 닫아도 좋습니까?

2) この手紙、英語で（書く⇒　　書いても　　）いいですか。
이 편지, 영어로 써도 좋습니까?

3) お先に（失礼する⇒　　失礼しても　　）いいですか。
먼저 실례해도 좋습니까?

4) 一緒に（踊る⇒　　踊っても　　）いいですか。
함께 춤춰도 좋습니까?

5) 頭が痛いので今日は早く（帰る⇒　　帰っても　　）いいですか。
머리가 아프니까 오늘은 빨리 돌아가도 좋습니까?

2. 괄호 안에 적당한 단어를 보기에서 찾아 넣으세요.

> 보기　のに・に・だめ・ので・が・で・まで

1) これは英語（　　で　　）何と言いますか。
이것은 영어로 무엇이라 합니까?

2) りんごがおいしかった（　ので　）、二つも食べました。
사과가 맛있어서 두 개나 먹었습니다.

3) アパートで犬を飼っては（　　だめ　　）です。
아파트에서 개를 키워서는 안됩니다.

4) 家から学校（　　まで　　）、自転車で行きます。
집에서 학교까지, 자전거로 갑니다.

5) 野菜を買い（　　に　　）、スーパーへ行ってきました。
야채를 사러, 슈퍼에 갔다 왔습니다.

1. 대화를 잘 듣고 어떤 행동을 해야 하는지 선택하고 ○를 쓰세요.

2. 대화내용을 잘 듣고 선으로 연결하세요.

한자	뜻	읽는 방법	쓰는 순서	관련어
国	나라 국	① こく ② くに	国	国際 (こくさい) 국제 国家 (こっか) 국가 島国 (しまぐに) 섬 나라
語	말씀 어	① ご ② かたる	語	語学 (ごがく) 어학 国語 (こくご) 국어 物語 (ものがたり) 이야기, 전설
数	셀 수	① すう ② かず	数	数学 (すうがく) 수학 数え年 (かぞえどし) 세는 나이 태어난 해를 한 살로 치고, 설마다 한 살씩 더해가는 우리 식 나이 계산법 数える (かぞえる) 세다
学	배울 학	① がく ② まなぶ	学	大学 (だいがく) 대학 学校 (がっこう) 학교 学ぶ (まなぶ) 배우다
計	셈할 계	① けい ② はかる	計	計算 (けいさん) 계산 時計 (とけい) 시계 合計 (ごうけい) 합계

준비물

장소카드

게임방법

❶ 4~6명씩 조를 만든다.

❷ 장소카드를 준비하여 골고루 섞어 뒤집어 둔다.

❸ 순서를 정한 후 첫 번째 학생이 카드를 한 장 뒤집어 나머지 학생들에게 제시한다.

❹ 나머지 학생들은 순서대로 한 명씩 '~てはいけません', '~てもいいです'를 사용하여 문장을 만든다.

> 예) 학생 1 (장소제시) 教室
> 학생 2 走ってはいけません。
> 학생 3 勉強してもいいです。
> 학생 4 歌ってはいけません。
> 학생 2 座ってもいいです。
> 학생 3 ゴミを捨ててはいけません。
> 학생 4 ……。
>
> (2번 학생 2점, 3번 학생 2점, 4번 학생 1점 획득)

❺ 문장 만들기는 발표가 끊길 때까지 하며, 발표한 문장만큼 점수를 가져간다.

한 명씩 돌아가며 장소를 제시하고 가장 많은 점수를 가져간 학생이 승~!

えんそく
遠足 소풍

답답한 교실에서 벗어나 야외에서 견문을 넓히기 위한 교외학습은 일본의 중학생들이 손꼽아 기다리는 행사입니다. 사회견학, 자연관찰학습 등 다양한 목적으로 실시합니다.

일반적으로 일년에 한 두번씩 학년단위 행사로 진행되는데, 입학식 직후에 신입생 환영소풍이나 졸업을 앞둔 학생들을 위한 송별소풍과 같이 특별행사를 떠나는 경우도 있습니다.

家に帰ってきてから、母に電話をしました。

집에 돌아오고 나서 어머니에게 전화를 했습니다

체크

※ 동사의 과거형 た설명

동사의 과거형 た는 과거형 た를 사용한 문형이 많기 때문에 학습자들에게 어미 활용을 확실하게 이해할 수 있도록 하고 활용연습을 철저히 시키는 것이 중요합니다.

【1】 먼저 동사의 て형 공식을 쓰고 과거형 た는 て형에 준해서 어미 활용을 하기 때문에 て대신에 た를 바꿔 넣으면 된다는 것을 설명합니다.

【2】 1그룹 동사 중에서 う, つ, る로 끝나는 동사, ぬ, む, ぶ로 끝나는 동사, く, ぐ, す로 끝나는 동사들을 예를 들어 동사의 과거형 た에 대해서 설명합니다.

【3】 마찬가지로 2그룹 동사에 대해서도 예를 들어 설명하고 3그룹 동사와 동사의 て형에서 예외였던 行く도 行った로 어미 변화한다는 것을 설명합니다.

【4】 각 그룹 동사들을 10~12개 정도 적절히 예를 들어 학습자들에게 활용연습을 하게 하고 선생님들은 틀리는 학습자들에게 왜 틀렸는지를 설명하여 이해를 시킵니다.

학습목표

▍ 명사, 형용사, 동사의 과거형 보통체 익히기

▍ ~てから 용법 익히기

▍ イ형용사의 부사화

昨日何を
しましたか。

部屋の掃除をしてから
宿題をしました。

昨日は日曜日だったので、
遅く起きました。

お母さんは
お元気でしたか。
おかげさまで
元気でした。

お祖母さんは
お元気でしたか。
おかげさまで
元気でした。

お祖父さんは
お元気でしたか。
おかげさまで
元気でした。

7課　家に帰ってきてから、母に電話をしました。

佐藤先生　あやかさん、昨日何をしましたか。

あやか　　昨日は日曜日だったので、遅く起きました。

顔を洗って、部屋の掃除をしてから、友だちと

約束があったので、出かけました。

佐藤先生　テミン君は何をしましたか。

テミン　　ぼくは映画を見に行きました。それから家に帰って

きてから、韓国の母に電話をしました。

佐藤先生　お母さんはお元気でしたか。

テミン　　はい、おかげさまで元気でした。

やくそく (約束) 약속	きょねん (去年) 작년
でかける (出かける) 외출하다	たいへん (大変) 매우, 대단히
ひさしぶりに (久しぶりに) 오래간만에	うんどう (運動) 운동
げんきだ (元気だ) 건강하다, 씩씩하다	つかれる (疲れる) 지치다, 피로해지다
おかげさまで 덕분에	ようじ (用事) 볼일, 용건
ちかてつ (地下鉄) 지하철	セール 세일
でんしゃ (電車) 전철	おなかがすく(お腹が空く) 배가 고프다

1 ~てから ~하고 나서

例) 母に電話してから、映画を見ました。
新聞を読んでから、友だちと約束があったので、出かけました。
お風呂に入ってから、コーラを飲みました。

2 ~だった (명사, ナ형용사의 과거형) ~(이)었다/ ~했다 [보통체]

例) 昨日は日曜日だったので、遅く起きました。
ぼくは去年まで中学生だった。
あやかさんのお姉さんはとてもきれいで親切だった。
東京の地下鉄は大変便利だった。

> **체크**
> 명사와 ナ형용사의 과거형은 だった이고, 명사는 단어 뒤에, ナ형용사는 어간 뒤에 접속한다는 것을 설명하고 명사와 ナ형용사의 예를 몇 개씩 들어 설명합니다.

3 동사의 て형＋た (동사의 과거형) ~었/았다 [보통체]

1그룹 동사 (5단 동사) : う、つ、る → った ｜ ぬ、む、ぶ → んだ
く → いた、ぐ → いだ ｜ す → した
※ 예외 : 行く → 行った

2그룹 동사 (1단 동사) : る → た
3그룹 동사 (변격 동사) : 来る → 来た ｜ する → した

例) 昨日は兄といっしょに公園で遊んだ。
友だちと約束があったので、出かけました。
山田先生は学生たちに英語を教えた。

> **체크**
> 동사의 과거형 た설명은 79 P를 참고하시기 바랍니다.

4 イ형용사의 어간＋く ~게 [イ형용사의 부사화]

例) 昨日は日曜日だったので、遅く起きました。
デジカメを安く買いました。
先生は黒板にひらがなを大きく書きました。

> **체크**
> 먼저 우리 말에서 '싸다' 라는 형용사가 '사다' 라는 동사를 꾸미면 '싸게' 로 변하듯이 일본어에서도 イ형용사가 동사를 꾸밀 때는 반드시 イ형용사의 어미 い가 く로 변하는데 이를 イ형용사의 부사화라고 설명합니다.
>
> 예) 싸다 사다 安い 買う   크다 쓰다 大きい 書く
>   게   く   게   く
>   이르다 일어나다 早い 起きる
>   일찍   く

다음과 같이 말해 볼까요?

1. 母に電話してから、映画を見ました。
　　①　　　　　　　　　②

例)

1) 音楽を聞く
　　宿題をする

2) 家へ帰る
　　お風呂に入る

3) まんがを読む
　　デパートへ行く

2. 部屋の掃除をしてから、友だちと約束があったので、出かけました。
　　①　　　　　　　　②　　　　　　　　③

例)

1) テレビを見る
　　テストがある
　　勉強する

2) 運動をする
　　疲れた
　　早く寝る

3) レポートを書く
　　お腹が空いた
　　ラーメンを食べる

3. 昨日は日曜日だったので、遅く 起きました。
　　①　　　　　　　　②　　③

例)

1) 用事があった
　　早い
　　出かける

2) セールだった
　　安い
　　買う

3) お腹が空いた
　　おいしい
　　食べる

다음 그림을 보고 보기와 같이 질문에 답해 보세요.

1) 보기 　<ruby>母<rt>はは</rt></ruby>に<ruby>電話<rt>でんわ</rt></ruby>してから、<ruby>映画<rt>えいが</rt></ruby>を<ruby>見<rt>み</rt></ruby>ました。

답 ＿＿＿＿＿＿＿＿てから、＿＿＿＿＿＿＿ました。

2) 보기 　<ruby>日曜日<rt>にちようび</rt></ruby>だったので、<ruby>遅<rt>おそ</rt></ruby>く <ruby>起<rt>お</rt></ruby>きました。

답 ＿＿＿＿＿＿ので、＿＿＿＿＿く＿＿＿＿＿ました。

1. 다음의 동사를 과거형(보통체)으로 바꾸어 빈칸에 적어 보세요.

買う	보기 買った	立つ 서다	立った
送る	送った	走る 달리다	走った
読む	読んだ	遊ぶ	遊んだ
飲む	飲んだ	書く	書いた
泳ぐ 수영하다	泳いだ	行く	行った
食べる	食べた	見る	見た
来る	来た	する	した

2. 다음의 단어를 이용하여 예문과 같이 문장을 완성하세요.

> **예문** 部屋の掃除をする｜まんがを読む
>
> ⇒ 部屋の掃除をしてから、まんがを読みました。

체크
학습자들이 동사의 ます형과 て형 변화에 대해서 상당히 헷갈려 하기 때문에 유의해서 지도하시기 바랍니다.

1) 宿題をする｜テレビを見る

⇒ ______宿題をしてから、テレビを見ました______。

2) 本を読む｜音楽を聞く

⇒ ______本を読んでから、音楽を聞きました______。

3) 手紙を書く｜お風呂に入る

⇒ ______手紙を書いてから、お風呂に入りました______。

4) メールを送る｜出かける

⇒ ______メールを送ってから、出かけました______。

듣기연습

1. 대화를 잘 듣고 어떤 순서였는지 번호를 쓰세요.

1)

(a) (2)　　(b) (6)　　(c) (5)

(d) (3)　　(e) (1)　　(f) (4)

2)

(a) (2)　　(b) (4)　　(c) (1)

(d) (6)　　(e) (5)　　(f) (3)

한자	뜻	읽는 방법	쓰는 순서	관련어
算	셈할 셈	① さん	算	計算 (けいさん) 계산 算数 (さんすう) 산수 暗算 (あんざん) 암산
楽	풍류 악 즐거울 락	① らく、がく ② たのしい	楽	楽園 (らくえん) 낙원 楽器 (がっき) 악기 楽しい (たのしい) 즐겁다
長	길 장	① ちょう ② ながい	長	長男 (ちょうなん) 장남 長所 (ちょうしょ) 장점 長い (ながい) 길다
短	짧을 단	① たん ② みじかい	短	短所 (たんしょ) 단점 短期 (たんき) 성질이 급함 短い (みじかい) 짧다
交	사귈 교	① こう ② まじわる	交	交番 (こうばん) 파출소 交通 (こうつう) 교통 交わる (まじわる) 사귀다

준비물

동사 글자카드

게임방법

① 4~6명씩 조를 만든다.

② 학생 한 사람이 3~5개의 동사 카드를 쥐고 나머지 조원들에게 동사카드를 보여주면서 동사를 하나씩 제시한다.

③ 나머지 조원들은 동사를 보고 재빨리 [~た]형을 만들어 손들고 말한다.

　예) 食べる ⇒ 食べた

④ 가장 빨리 정확한 답을 말한 친구에게 그 동사카드를 준다.

⑤ 역할을 바꾸어 한 바퀴를 돈 후, 마지막에 가장 많은 카드를 받아간 학생이 승~!

せいふく
制服 교복

일본의 여고생, 여중생들은 모두 짧은 치마에 갈색 염색머리를 하고 있을까요? 물론 아니겠지요. TV 드라마나 영화, 애니메이션 등을 통해 우리에게 소개된 일본의 교복들은 어디까지나 '방송용'이라는 것! 실제 일본의 중학생들은 무릎까지 내려오는 단정한 치마에 정돈된 머리인 경우가 훨씬 많습니다.

8과

<ruby>お菓子<rt>かし</rt></ruby>を<ruby>食<rt>た</rt></ruby>べながら<ruby>話<rt>はな</rt></ruby>しています。

과자를 먹으면서 이야기하고 있습니다

風邪を
引きました。

風邪

ゆっくり
休んでください。

お菓子を食べながら
話しています。

お茶を飲みながら
音楽を聞いています。

ピアノを弾きながら
歌を歌っています。

8課 お菓子を食べながら話しています。

田中先生　あら、テミン君、風邪を引きましたか。

テミン　　はい。ゆうべから頭が痛くて熱もあって……。

田中先生　薬は飲みましたか。

テミン　　はい、飲みました。

田中先生　じゃ、早く帰ってゆっくり休んでください。

　　　　　ところであやかさんはどこにいますか。

テミン　　あやかさんは教室にいます。

田中先生　何をしていますか。

テミン　　ミカさんと一緒にお菓子を
　　　　　食べながら話していますが……。

새로 나온 단어

ねつ (熱) 열	すわる (座る) 앉다
くすりをのむ (薬を飲む) 약을 먹다	いちば (市場) 시장
ゆっくり 천천히, 푹	せき (咳) 기침
やすむ (休む) 쉬다	せきがでる (咳が出る) 기침이 나오다
ところで 그런데	のど (喉) 목
ピアノをひく(弾く) 피아노를 치다	はなみず (鼻水) 콧물
うた (歌) 노래	はなみずがでる (鼻水が出る) 콧물이 나오다
うたう (歌う) (노래를) 부르다	かゆい 가렵다
きょうかしょ (教科書) 교과서	は (歯) 이
ページ 페이지	けさ (今朝) 오늘 아침
ひらく(開く) 열다, 펴다	

1. 동사의 ます형＋ながら　~하면서　　두 동작이 동시에 이루어질 때

例）　お菓子を食べながら話しています。
　　　お茶を飲みながら音楽を聞いています。
　　　ピアノを弾きながら歌を歌っています。

체크
1) ~ながら는 '~하면서'라는 뜻으로 두 동작이 동시에 행해질 때 사용합니다. 즉, 텔레비전을 보면서 밥을 먹고 있다든지, 커피를 마시면서 친구와 이야기를 하고 있다든지를 일본어로 표현할 때, ~ながら를 사용하는데 ~ながら는 동사의 ます형에 준해서 어미 변화를 합니다.
　※1그룹 동사: う段→い段＋ながら　※2그룹 동사: る→ながら
　※3그룹 동사: する→しながら　くる→きながら
2) 몇 개의 동사를 예로 들어 어미 변화를 설명합니다. 가능한 학습자들에게도 몇 개의 동사를 예로 들어주고 어미 활용 연습을 하게 합니다.

2. イ형용사의 어간＋くて　~고/서

例）　ゆうべから頭が痛くて熱もあります。
　　　あのレストランのとんカツはおいしくて安いです。
　　　頭が痛くて家で休みました。

체크
イ형용사에서의 ~くて는 아리가또 1권 9과에서 다루었습니다만, 학습자들에게 반복 학습 차원에서 실었습니다. 우리 말의 ~고/서에 해당하는 イ형용사의 어미 변화는 끝 어미 い가 くて로 변한다는 것을 예를 들어 설명합니다. 그리고 학습자들의 이해를 위해서 명사와 ナ형용사에서는 ~で로, 동사에서는 て형 변화의 て로 나타냈다는 것을 설명해도 좋을 것입니다.
예) 学生で　親切で　おいしくて
　　食べて　飲んで

3. ~てください　~해 주십시오 (주세요)　　의뢰

例）　早く帰ってゆっくり休んでください。
　　　教科書の３０ページを開いてください。
　　　どうぞ、こちらに座ってください。

체크
~てください 문형은 ~해 주십시오(주세요)에 해당하는 상대방(친근한 동년배나 손아래 사람)에게 의뢰하는 문형으로 손위 사람이나 손님에 대해선 사용하지 않는 표현입니다. 그런 경우는 お＋동사의 ます형 ください라는 존경의 의뢰 표현을 씁니다. 학습자들에게는 질문이 들어오지 않는 한 설명하시지 않아도 됩니다.
예) ちょっと待ってください→少々お待ちください
　　ここに書いてください→ここにお書きください
　　どうぞ、入ってください→どうぞ、お入りください

4. ~といっしょに　~와 함께/같이　　어휘

例）　友だちといっしょに映画を見に行きます。
　　　昨日は母といっしょに市場へ行ってきました。
　　　ミカさんといっしょにお菓子を食べながら話しています。

다음과 같이 말해 볼까요?

1. ゆうべから<u>頭が痛くて</u> <u>熱もあります</u>。
　　　　　　　①　　　②　　　　③

例)

1) 今朝
　 咳が出る
　 喉も痛い

2) 昨日
　 鼻水が出る
　 咳も出る

3) 午後
　 目がかゆい
　 痛い

2. <u>早く帰って</u> <u>ゆっくり休んで</u>ください。
　　　　①　　　　　②

例)

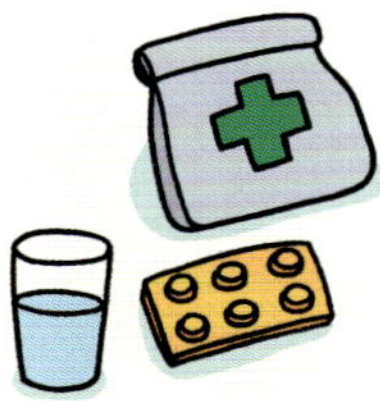

1) 早くここに
　 書く

2) すみませんが、
　 ちょっと待つ

3) 風邪を引いてる時は
　 この薬を飲む

3. <u>お菓子を食べ</u>ながら<u>話して</u>います。
　　　　①　　　　　　②

例)

1) お茶を飲む
　 テレビを見る

2) 音楽を聞く
　 友達と話す

3) 歌を歌う
　 掃除する

다음 그림을 보고 보기와 같이 질문에 답해 보세요.

1) 보기 どうしましたか。

ゆうべから<u>頭が痛くて熱</u>もあります。

답 どうしましたか。

ゆうべから＿＿＿＿＿＿て＿＿＿＿も＿＿＿＿＿＿。

2) 보기 <u>お菓子を食べ</u>ながら友だちと<u>話し</u>ています。

답 ＿＿＿＿＿を＿＿＿＿ながら＿＿＿＿＿を＿＿＿＿＿＿います。

체크

이쯤 오면 학습자들이 동사의 ます형 변화와 て형 변화를 혼동해서 틀리는 경우가 나타나기 때문에 다시 한번 가볍게 복습하는 식으로 설명해 주시는 것도 효과적일 것입니다.

1. 다음 보기와 같이 ~ながら를 사용하여 두 문장을 한 문장으로 연결해 보세요.

> 보기　音楽を聞く｜本を読む
> ⇒ 音楽を聞きながら本を読んでいます。

1) コーヒーを飲む｜新聞を読む

⇒ コーヒーを＿＿＿**飲みながら**＿＿＿新聞を＿＿＿**読んでいます**＿＿＿。

2) お菓子を食べる｜手紙を書く

⇒ お菓子を＿＿＿**食べながら**＿＿＿手紙を＿＿＿**書いています**＿＿＿。

3) ゆっくり歩く｜友達と話す

⇒ ゆっくり＿＿＿**歩きながら**＿＿＿友達と＿＿＿**話しています**＿＿＿。

2. 빈칸을 채워 다음 문장을 완성하세요.

1) 夕べから頭が＿＿＿**痛くて**＿＿＿、熱もあります。
어제밤부터 머리가 <u>아프고</u> 열도 있습니다.

2) 昨日は天気が＿＿＿**よくて**＿＿＿、あたたかかったです。
어제는 날씨가 <u>좋고</u> 따뜻했습니다.　　　※ あたたかい 따뜻하다

3) ミカさんの部屋は＿＿＿**広くて**＿＿＿、明るいです。
미카상의 방은 <u>넓고</u> 밝습니다.

4) 喉が＿＿＿**痛くて**＿＿＿、家で休みました。
목이 <u>아파서</u> 집에서 쉬었습니다.

3. 다음 보기와 같이 ~てください를 이용하여 문장을 완성해 보세요.

1) こちらにお名前を＿＿＿**書いてください**＿＿＿。　여기에 이름을 적어 주세요.

2) この本を＿＿＿**読んでください**＿＿＿。　이 책을 읽어 주세요.

3) この薬は食後に＿＿＿**飲んでください**＿＿＿。　이 약은 식후에 먹으세요.

1. 다음 대화를 잘 듣고 누구인지 그림에서 찾아 보세요.

(1) ^{キム}金さん	(2) ^{た なか}田中さん	(3) ^{さ とう}佐藤さん	(4) ^{やまもと}山本さん	(5) ^{パク}朴さん
(a)	(g)	(c)	(h)	(f)

2. 대화를 잘 듣고 질문의 답이 그림과 맞으면 ○, 틀리면 ×를 쓰세요.

한자	뜻	읽는 방법	쓰는 순서	관련어
通	통할 통	① つう ② とおる、かよう	通	通行 (つうこう) 통행 通る (とおる) 통과하다 通う (かよう) 다니다
読	읽을 독	① どく ② よむ	読	読書 (どくしょ) 독서 読む (よむ) 읽다 読解 (どっかい) 독해
書	글 서	① しょ ② かく	書	書店 (しょてん) 서점 書く (かく) 쓰다 書き言葉 (かきことば) 문장체 ⇔話し言葉 (はなしことば) 회화체
電	번개 전	① でん	電	電車 (でんしゃ) 전차 電話 (でんわ) 전화 電気 (でんき) 전기
気	기운 기	① き ② け	気	元気 (げんき) 기운, 건강 気候 (きこう) 기후 気配 (けはい) 낌새, 인기척

준비물

동사 그림카드

게임방법

1. 6~10명씩 짝수가 되도록 조를 만든다.
2. 각 조에서는 2명씩 짝을 짓고 순서를 정한다.
3. 동사 그림 카드를 책상 위에 뒤집어 섞어 둔다.
4. 첫 번째 팀의 두 사람이 동사 카드를 한 장씩 선택하고, 각자 주어진 동사를 동작으로 나머지 조원들에게 표현한다.
5. 나머지 조원들은 두 사람의 동작을 보고 '~ながら'를 사용하여 문장으로 표현한다.

> 예) 勉強する ＋ 歯を磨く ⇒ 勉強しながら歯を磨きます。
> 歯を磨きながら勉強します。

6. 역할을 바꾸어 한·두 바퀴를 돈 후, 가장 많이 맞힌 팀이 승~!

숫자로 본
일본의 중학교 생활

전세계 중학생에게 물었습니다

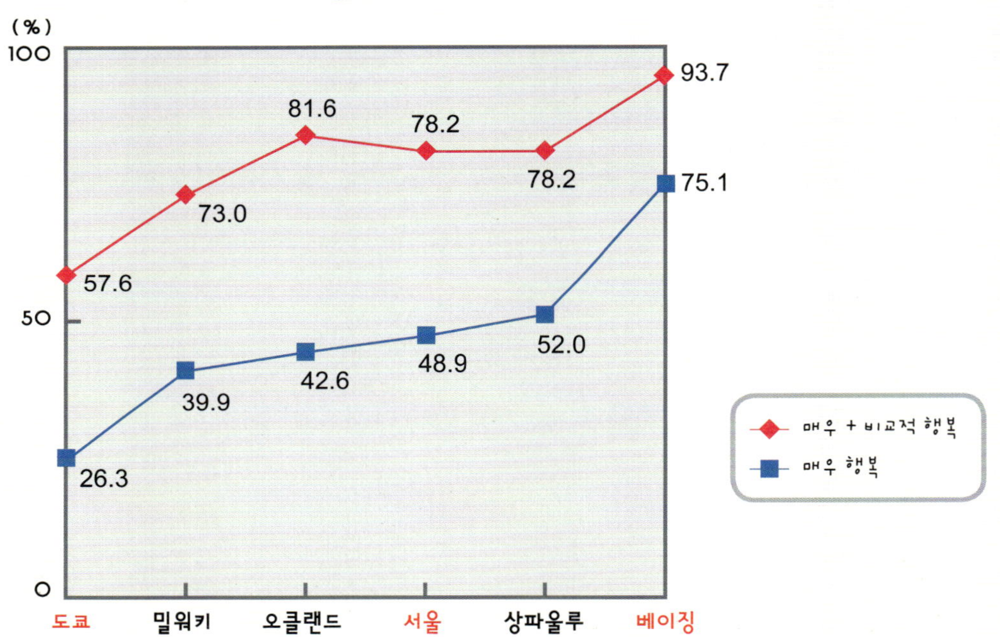

	도쿄 (일본)	서울 (한국)	베이징 (중국)
매우 행복	26.3%	48.9%	75.1%
비교적 행복	31.3%	29.3%	18.6%
행복지수 합계	57.6%	78.2%	93.7%

0から十まで
数えてください。

0부터 10까지 세어주세요

> ### 학습목표
>
> ▌조사 [~から~まで] 학습
>   (1) 「~から」: 수량, 장소, 사물 등의 기점 (起点, 출발점)
>   (2) 「~まで」: 수량, 장소, 사물 등의 도달점 (到達点, 종점)
>
> ▌[~てみる] 시도
>
> ▌[~ましょう/~ませんか] 권유, 제안 표현학습
>
> ▌[ます형 + かた] 형태로 수단, 방법을 표현

0から10まで 数えてみましょう。

ソウルから 釜山までの行き方を教えてください。

A あした、何時に会いましょうか。

B 10時に会いましょう。

A パソコンの使い方を
教えてください。

B パソコンの使い方は
難しいですね。

A 郵便局はどこにありますか。
行き方を教えてください。

B まっすぐ行って、
右に曲がってください。

A すみません。上野までの
行き方を教えてください。

B はい。スカイ・ライナーと
リムジンバスがありますが。

田中先生　テミン君、0から十まで数えてみましょう。

テミン　　ゼロ、いち、に、さん、よん、ご、ろく、なな、

はち、きゅう、じゅう。

田中先生　はい、よくできました。日本語は難しいですか。

テミン　　いいえ、あまり難しくありません。でも、漢字の

読み方は難しいです。先生、この漢字の読み方を

教えてください。

田中先生　これですか。これは友達と読みます。

では、いっしょに読んで

みましょうか。

テミン　　はい。

새로 나온 단어

かぞえる (数える)　(수를) 세다	コンピューター　컴퓨터	のりかた (乗り方)　타는 법 (방법)
よく　잘 (자주)	パソコン　개인용 컴퓨터 (PC)	まっすぐ　똑바로
できる　할 수 있다, 잘하다	つかいかた (使い方)　사용법 (방법)	まがる (曲がる)　꺾다
むずかしい (難しい)　어렵다	キムチ　김치	～について　～에 관하여
あまり　그다지, 별로	つくりかた (作り方)　만드는 법 (방법)	かんがえる (考える)　생각하다
かんじ (漢字)　한자	しる (知る)　알다	もんだい (問題)　문제
よみかた (読み方)　읽는 법 (방법)	たべかた (食べ方)　먹는 법 (방법)	れんらくする (連絡する)　연락하다
おし(教)えてください　가르쳐 주세요	かきかた (書き方)　쓰는 법 (방법)	さがす (探す)　찾다
よむ (読む)　읽다	さいしょ (最初)　최초, 맨 처음	スカイ・ライナー　스카이라이너
しけん (試験)　시험	まず　우선	(고속열차)
はんい (範囲)　범위	はくさい (白菜)　배추	リムジンバス　리무진 버스
きょうかしょ (教科書)　교과서	きれいに　깨끗하게	うえの (上野)　우에노 (도쿄시내 지명)
ビル　건물	ひこうき (飛行機)　비행기	
～かい (階)　～층	のみかた (飲み方)　마시는 법 (방법)	

1　~から ~まで　~(에서)부터 ~까지　〔조사〕

例)　0から十まで数えてください。

　　試験の範囲は教科書の１ページから３５ページまでです。

　　このビルの一階から五階まではデパートです。

> **체크**
> 조사 ~から~まで의 용법은 아리가또 1권 5과에서 다루었습니다만, 학습자들에게 반복 교육하는 차원에서 실었습니다.

2　~てみる　~해 보다

例)　この問題は先生に聞いてみます。

　　そのことについては考えてみます。

　　山田君には私が連絡してみます。

> **체크**
> 일본어에서 て뒤에 오는 동사는 보조동사라고 하며 일반적으로는 히라가나로 표시합니다.
> 예) ~ている, ~てみる, ~てくる, ~ておく 등

3　동사의ます형＋ましょう/ましょうか　~합시다/ ~할까요?　〔권유〕

例)　昼ごはんは１２時半に食べましょう。

　　0から十まで数えてみましょう。

　　明日、何時に会いましょうか。

　　では、いっしょに読んでみましょうか。

> **체크**
> ~ましょう、~ましょうかは ~합시다, ~할까요?(적극적 권유)로 해석된다는 것을 과(課)가 진행됨에 따라서 잊어버리는 학습자들이 나오기 때문에 여러 동사들을 예로 들어 따라 하거나 같이 읽게 해서 그 시간에 암기하도록 합시다. 예) 먹습니다는 食べます, 먹읍시다는 食べましょう, 먹을까요?는 食べましょうか 라는 식으로 여러 동사를 반복함으로써 자연히 암기할 수 있도록 하면 좋겠습니다.

4　동사의 ます형＋方　~하는 법

例)　日本語は漢字の読み方が難しいです。

　　このコンピューターの使い方を教えてください。

　　キムチの作り方を知っていますか。

> **체크**
> 책의 예문에 나온 것 외에 먹는 법, 쓰는 법, (와인) 마시는 법 등 되도록 많은 예를 들어 설명하시는 것도 학습자들이 이해하는데 도움이 된다고 생각합니다. 물론 책의 예문에 나온 것도 미리 한번 사전에 설명하고 예문 해석을 하시면 학습자들의 이해가 빠를 것입니다.

階　층 (건물의 층을 셀 때)　〔조수사〕

いっかい	にかい	さんか(がい)	よんかい	ごかい	ろっかい
1階	2階	3階	4階	5階	6階

ななかい	はっ(はち)かい	きゅうかい	じ(ゅう)っかい	なんが(か)い
7階	8階	9階	１０階	何階　몇 층

> **체크**
> 예전에는 건물의 층을 셀 때, 몇 층은 なんがい, 3층은 さんがい로 발음했으나 요즈음은 몇 층은 なんかい나 なんがい, 3층은 さんかい나 さんがい 둘 다 사용되고 있습니다.

다음과 같이 말해 볼까요?

1. <u>０</u>から<u>十</u>まで<u>数えて</u>みましょう。
① ② ③

例)

1) 十
二十
書く

2) 1ページ
3ページ
読む

3) 家
学校
走る

2. <u>この漢字の読み方</u>を教えてください。
①

例)

1) 日本料理 ｜ 食べる

2) ひらがな ｜ 書く

3) コンピューター ｜ 使う

3. 明日いっしょに<u>行きましょうか</u>。
①

はい、<u>行きましょう</u>。
②

例)

1) 夕ごはんを食べる
食べる

2) アニメを見る
見る

3) キムチを作る
作る

다음 그림을 보고 보기와 같이 말해 보세요.

1) 보기   ゼロ
　　　0から十まで数えてみましょう。
　　　　　　　じゅう　　　かぞ

　　답　________から________まで__________てみましょう。

2) 보기   この漢字の読み方を教えてください。
　　　　　　　　かん　じ　　よ　かた　　おし

　　답　__________の__________方を教えてください。
　　　　　　　　　　　　　　　　　　　かた　おし

1. 두 문장을 이어서 보기와 같이 만드세요.

 보기   ひらがな → 書^かき方^{かた}

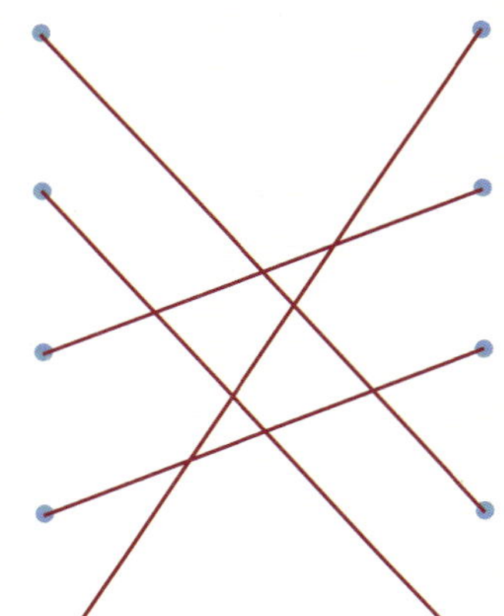

1) コンピューター　　　　　a) 飲^のみ方^{かた}

2) ケーキ　　　　　　　　　b) 読^よみ方^{かた}

3) 漢字^{かんじ}　　　　　　　　　c) 乗^のり方^{かた}

4) 飛行機^{ひこうき}　　　　　　　　d) 使^{つか}い方^{かた}

5) くすり　　　　　　　　　e) 作^{つく}り方^{かた}

2. 다음 대답에 알맞은 것을 채워넣어 대화를 완성해 보세요.

1) いっしょにデパートへ行^いきましょうか。

はい、いっしょに　　**行きましょう**　　。

2) 公園^{こうえん}でちょっと休^{やす}みましょうか。

はい、　　　**休みましょう**　　　。

3) 一緒^{いっしょ}に映画^{えいが}を見^みに行^いきませんか。

はい、　　　　**行きましょう**　　　　。

1. 다음 대화를 잘 듣고 질문의 답을 그림에서 찾아보세요.

1) テミン君とあやかさんは何をしますか。(　a　)

(a)　(b)　(c)　(d)

2) テミン君とあやかさんは何時に会いますか。(　b　)

3) テミン君とあやかさんはどこで会いますか。(　c　)

(a)　(b)　(c)　(d)

4) テミン君とあやかさんは昼ごはんは何を食べますか。(　d　)

  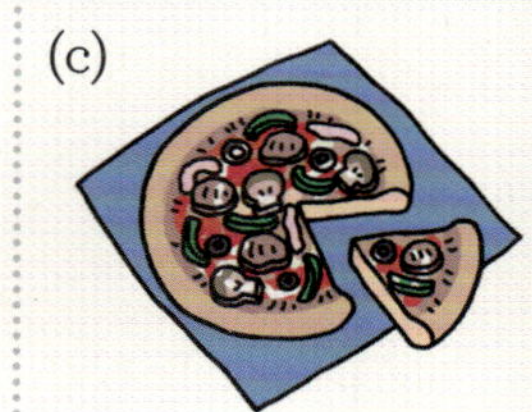 

(a)　(b)　(c)　(d)

2. 다음 대화를 잘 듣고 맞으면 ○, 틀리면 ×를 쓰세요.

(1) 今日はテミン君の誕生日です。(　×　)

(2) プレゼントはかばんでした。(　○　)

(3) あやかさんとテミン君は韓国のおもちを食べました。(　○　)

(4) おもちは甘かったです。(　×　)

한자	뜻	읽는 방법	쓰는 순서	관련어
雲	구름 운	① うん ② くも	雲	雲集 (うんしゅう) 운집 (구름처럼 많이 모임) 雲 (くも) 구름 雲の上 (くものうえ) 구름 위, 궁중
海	바다 해	① かい ② うみ	海	海外 (かいがい) 해외 海 (うみ) 바다 海辺 (うみべ) 해변, 바닷가, 해안
風	바람 풍	① ふう、ふ ② かぜ、かざ	風	風呂 (ふろ) 목욕, 목욕통 風景 (ふうけい) 풍경, 경치 風 (かぜ) 바람
毎	늘 매	① まい ② ～ごと	毎	毎日 (まいにち) 매일, 날마다 毎年 (まいねん) 매년 毎朝 (まいあさ) 매일 아침
来	올 래	① らい ② くる	来	来週 (らいしゅう) 내주, 다음 주 来月 (らいげつ) 내월, 다음 달 来る (くる) 오다

준비물

숫자카드 (1~31)   ※ 아리가또 슈퍼 주니어 일본어 1권 부록

게임방법

❶ 4~6명씩 조를 만든다.

❷ 숫자카드를 섞어 책상 위에 뒤집어 둔다.

❸ 첫 번째 학생을 정하고, 첫 번째 학생은 책상 위에 있는 카드 중 두 장을 고른다.

❹ 숫자를 확인하고 '~から ~まで'를 이용하여 문장을 말한다.

> 예) 3から17まで数えてみましょう。

❺ 숫자의 범위가 정해지면 첫 번째 학생을 시작으로 숫자 3부터 시계방향으로 숫자를 말하기 시작한다. 3, 4, 5, 6……. 마지막 숫자 17을 말하게 되는 친구에게 점수를 준다.

❻ 그 다음은 마지막 숫자로 점수를 받은 친구가 카드를 뒤집어 게임을 시작한다.

❼ 여러 번을 반복하여 가장 많은 점수를 받은 친구가 승~!

숫자로 본
일본의 중학교 생활

일본 친구들은 하루에 TV를 몇 시간 볼까?

일본에서 조사한 결과에 따르면 TV나 비디오(DVD)를 하루에 '3시간 이상' 보는 학생의 비율은 초등학생 23.9%, 중학생 28.8%, 고등학생 16.7%로 중학생이 가장 많았습니다. 중고생들은 TV시청시간과 성적에 연관성이 있는 것으로 나타났으며, 게임을 오래 하는 경우는 중학교 남학생들이 많았습니다.

TV 시청시간과 성적과의 관계를 보면, 중학생 중 평일에 '3시간 이상' 장시간 시청하는 학생의 비율은 성적 상위층이 22.3%, 중간층이 27.0%, 하위층이 38.0%로 하위권 학생들이 많은 것을 알 수 있습니다.

이와 같이 TV 시청시간은 다른 생활영역과 밀접한 관계가 있으며 장시간 시청은 가정 내 학습시간과 학교성적에 부정적인 영향을 주고 있다고 할 수 있습니다.

◆ TV · 비디오(DVD) 시청시간

	거의 보지 않음 ~ 45분 이내	1시간 ~ 1시간 30분	2시간 ~ 3시간	3시간 이상
초등학생 (4240명)	16.3%	25.3%	33.7%	23.9%
중학생 (4550명)	11.1%	19.1%	40.4%	28.8%
고등학생 (6051명)	14.3%	26.9%	41.9%	16.7%

※ 무응답: 초등학생 0.7% 중학생 0.6% 고등학생 0.2%

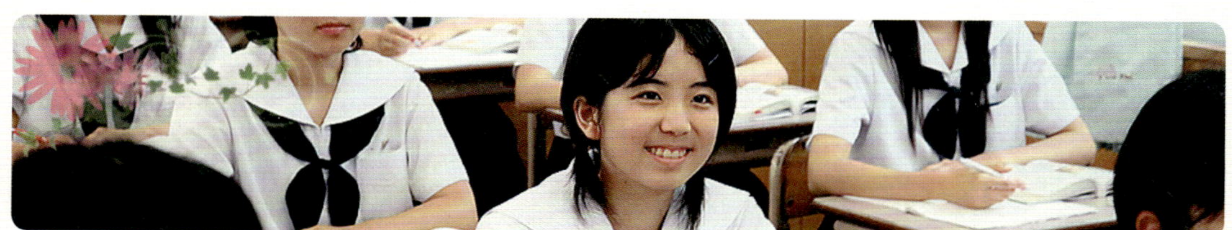

おすしを食べた ことがありますか。

초밥을 먹은 적이 있습니까?

학습목표

- 「~た형 + ことがある」 경험 표현
- 「명사 + ほしい」 말하는 사람의 희망, 요구 표현학습

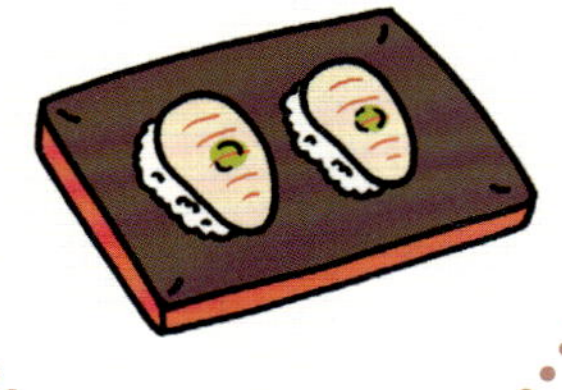

た
食べたことがありますか。

日本のアニメを見た
ことがありますか。

日本のまんがを読んだ
ことがありますか。

車がほしいです。

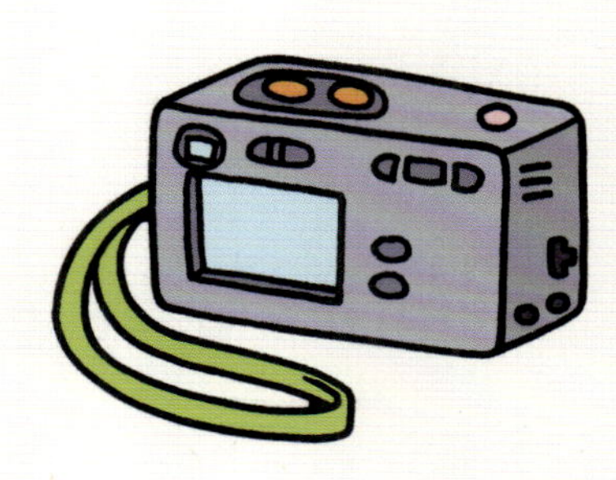

デジカメが
ほしいです。

お金がほしいです。

友だちがほしいです。

10課 おすしを食べたことがありますか。

佐藤先生　テミン君はおすしを食べたことがありますか。

テミン　　はい、食べたことがあります。

佐藤先生　日本のアニメも見たことがありますか。

テミン　　もちろん見たことがありますよ。
　　　　　先生は韓国の冷麺を召し上がったことがありますか。

佐藤先生　いいえ、食べたことがありません。

テミン　　あやかさんは。

あやか　　私は日本で食べたことがあります。
　　　　　テミン君はいま、何がほしいですか。

テミン　　デジカメがほしいです。

~たことがあります　~한 적이 있습니다
おすし　초밥
もちろん　물론
れいめん (冷麺)　냉면
めしあがる (召し上がる)　드시다, 잡수시다
アメリカじん(人)　미국인
はなす (話す)　이야기 하다
しょうせつ (小説)　소설
いちど (一度)　한 번

しゃちょう (社長)　사장님
ぶんぼうぐや (文房具屋)　문방구
ジェットコースターにの(乗)る　롤러코스터를 타다
なっとう (納豆)　낫토
いねむ(居眠)りする　(앉아서) 깜박 졸다
けっせき (欠席)　결석
ちこく (遅刻)　지각
デジカメ　디지털 카메라

118

1　~たことがある(ない)　~한 적이 있다 (없다)　경험

例)　ぼくは日本のアニメを見たことがあります。

私の弟は日本へ行ったことがありません。

アメリカ人と話したことがあります。

中国の小説はまだ一度も読んだことがないです。

2　召し上がる　잡수시다, 드시다　존경어

例)　先生は韓国の冷麺を召し上がったことがありますか。

どうぞ、召し上がってください。

社長はケーキを召し上がりませんでした。

> **체크**
>
> 召し上がる는 食べる, 飲む의 존경어로 우리 말의 잡수시다, 드시다에 해당합니다. 반드시 손위 사람이나 잘 모르는 동년배 상대방에게 사용한다는 것을 설명합니다.

3　~がほしい　~을/를 갖고(하고) 싶다, 원하다　어휘

例)　いま、何がほしいですか。

ぼくはデジカメがほしいです。

私は何もほしくないです。

> **체크**
>
> ほしい는 말하는 사람의 희망을 나타내는 イ형용사로, ~을/를 갖고 싶다, 원하다 라는 의미이고 일반적으로 조사는 ~을/를 이지만, が를 사용합니다.

> **체크**
>
> 【1】 먼저 우리말로 나는 일본 라면을 먹은 적이 있다(없다), 나는 일본 만화를 본 적이 있다(없다), 나는 일본에 간 적이 있다(없다) 와 같은 경험의 문장을 일본어로 표현할 때는 ~た ことがある(ない)로 나타낸다는 것을 설명하고 위 문장들을 일본어로 만들어 설명하고 학습자 들에게 따라 읽게해서 이 경험의 문형에 익숙해지게 합니다.
>
> 이 때 학습자들은 보통체, 정중체에 대해서 별로 인식하지 않고 있기 때문에 あるな ない로 끝나는 보통체 문장을 있습니다, 없습니다 라는 정중체로 해석하거나 거꾸로 あります나 あ りません(ないです)과 같은 정중체 문장을 보통체로 해석하는 경우가 많습니다. 보통체와 정중체의 문장을 분명히 구별할 수 있도록 지도하셨으면 합니다.
>
> 【2】 경험의 문장을 사용하여 회화연습을 시킵니다. 학습 시간이 부족한 경우는 조별로 물어 보고 답변할 수 있도록 해도 좋을 것입니다. 예를 들어 A조 전원을 田中さん이라고 하고, 田中さん은 すし를 食べたことがありますか라고 질문을 하고 먹은 적이 있을 경우는 はい、食べたことがあります, 먹은 적이 없는 경우는 いいえ、食べたことがありません이라고 조원 전체가 대답할 수 있도록 연습을 시킵니다. 이와 같은 방법으로 다른 문장을 만들어 조별로 돌아가며 연습을 시켜 봅시다.

다음과 같이 말해 볼까요?

1. <u>テミン君</u>は<u>おすし</u>を<u>食べた</u>ことがありますか。
　　① 　　　　② 　　　③

　　　　　はい、<u>食べた</u>ことがあります。 긍정
　　　　　　　③

　　　　　いいえ、<u>食べた</u>ことがありません。 부정
　　　　　　　　③

例)

1) あやかさん
　　キムチ
　　食べる (부정)

2) ボラさん
　　日本のまんが
　　読む (긍정)

3) けんじ君
　　韓国の歌
　　聞く (부정)

2. 昨日、<u>文房具屋</u>で<u>鉛筆</u>を<u>買った</u>。
　　　　　　① 　　　　② 　　　③

例)

1) レストラン
　　とんカツ
　　食べる

2) 図書館
　　英語の勉強
　　する

3) 駅の前で
　　友だち
　　待つ

3. いま、<u>何</u>がほしいですか。

　　　　　　　　　　<u>デジカメ</u>がほしいです。
　　　　　　　　　　　①

例)

1) お金

2) 友達

3) 牛乳

다음 그림을 보고 보기와 같이 말해 보세요.

1) 보기　おすしを食べたことがありますか。

はい、食べたことがあります。

답　＿＿＿＿＿＿を＿＿＿＿＿＿ことがありますか。

はい、＿＿＿＿＿＿ことがあります。

2) 보기　昨日、文房具屋で鉛筆を買った。 (보통체의 과거형)

답　昨日、＿＿＿＿＿＿で＿＿＿＿＿＿を＿＿＿＿＿＿。

1. 보기와 같이 완성하세요.

> 보기　納豆を食べたことがありますか。
> → はい、食べたことがあります。
> → いいえ、食べたことがありません。

1) ジェットコースターに乗ったことがありますか。

→はい、<u>ジェットコースターに乗ったことがあります</u>。

→いいえ、<u>ジェットコースターに乗ったことがありません</u>。

2) バスで居眠りしたことがありますか。

→はい、<u>居眠りしたことがあります</u>。

→いいえ、<u>居眠りしたことがありません</u>。

3) 日本の歌を歌ったことがありますか。

→はい、<u>歌を歌ったことがあります</u>。

→いいえ、<u>歌を歌ったことがありません</u>。

2. 보기와 같이 완성하세요.

> 보기　学校を欠席する(X)　遅刻する(O)
> → 学校を欠席したことはありませんが、遅刻したことはあります。

1) 日本のまんがを読む(X)、アニメを見る(O)

→ <u>日本のまんがを読んだことはありませんが、アニメを見たことはあります</u>。

2) 日本のドラマを見る(X)、映画を見る(O)

→ <u>日本のドラマを見たことはありませんが、映画を見たことはあります</u>。

1. 대화를 잘 듣고 무엇을 갖고 싶은지 그림을 연결하세요.

(1) あやか	(2) テミン	(3) 原田(はらだ)	(4) 佐藤(さとう)

(a) (b) (c) (d) (e) (f)

2. 대화를 잘 듣고 경험이 있으면 ○, 없으면 ×를 쓰세요.

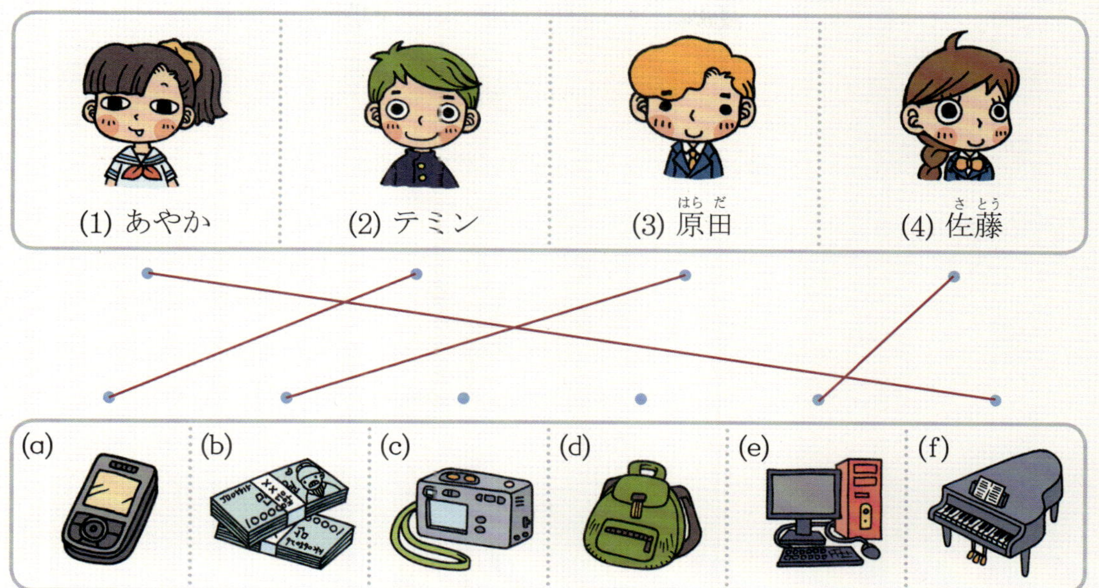

(1) あやか	×	○	○
(2) テミン	○	×	×
(3) 原田(はらだ)	○	×	○

한자	뜻	읽는 방법	쓰는 순서	관련어
色	빛 색	① しき、しょく ② いろ	色	特色 (とくしょく) 특색 色 (いろ) 색, 빛, 빛깔 色紙 (いろがみ) 색종이
星	별 성	① せい、じょう ② ほし	星	星座 (せいざ) 성좌, 별자리 星 (ほし) 별 星影 (ほしかげ) 별빛
光	빛 광	① こう ② ひかり	光	光景 (こうけい) 광경, 풍경 光線 (こうせん) 광선 光 (ひかり) 빛
強	강할 강	① きょう、ごう ② つよい ③ しいる	強	強力 (きょうりょく) 강력 勉強 (べんきょう) 공부 強い (つよい) 강하다
弱	약할 약	① じゃく ② よわい	弱	弱点 (じゃくてん) 약점 弱い (よわい) 약하다 弱虫 (よわむし) 겁쟁이

① 6~10명씩 조를 만든다.

② 순서를 정한 뒤 첫 번째 학생이 나머지 조원들에게 '~た ことは あります か。'를 사용하여 질문을 한다.

③ 나머지 조원들은 동시에 'はい'와 'いいえ'로만 대답한다.

대답할 때 'はい'의 경우는 손을 들어 'いいえ'와 구분할 수 있도록 한다.

④ 대답의 수가 많은 쪽으로 1점씩 점수를 준다.

> 예) すしを 食べた ことが ありますか。
>
> 학생1 はい。
>
> 학생2 はい。
>
> 학생3 いいえ。
>
> 학생4 はい。
>
> 학생5 いいえ。
>
> 의 경우 1, 2, 4번 학생에게 1점씩 준다.

⑤ 조원 한 명씩 2~3번 질문을 하여 가장 많은 점수를 얻은 학생이 승~!

숫자로 본
일본의 중학교 생활

▌다른 친구들의 평소 공부시간이 궁금해!

학습시간 비교

구분	숙제하는 시간	집에서 공부하는 시간	학원에 가는 시간	총
서울 (한국)	39.5분	26.7분	79.6분	145.8분(分)
도쿄 (일본)	33.4분	29.2분	38.5분	101.1분(分)
베이징 (중국)	60분	28.9분	42.7분	131.6분(分)

도쿄와 서울, 베이징의 중학생에게 학습시간을 물어본 결과를 정리하면 위와 같은 표가 됩니다. 우리나라 학생들의 학습시간이 가장 긴 것으로 나왔네요. 특히 학원에서 공부하는 시간이 눈에 띄는군요. 여러분은 어떻게 생각하세요? 중국 친구들은 숙제하는 시간이 가장 길게 나왔네요. 학교 과제가 많은가 봅니다.

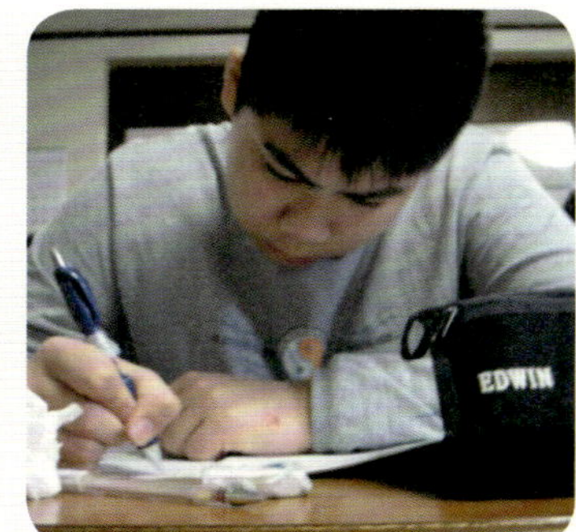

11과

歯を磨いた方がいいです。

이를 닦는 편이 좋습니다

체크

※ **동사의 ない형 교수법**

【1】동사의 보통체 부정형 ない는 우리말의 '~지 않다'에 해당하고 정중체의 부정형은 '~ません(~지 않습니다)' 이었다는 것을 설명합니다.

【2】동사의 ない형 어미 변화를 설명합니다.
　　1그룹 동사 : う단→あ단＋ない
　　2그룹 동사 : る→ない
　　3그룹 동사 : くる→こない　する→しない

【3】1그룹 동사의 ない형 어미 변화에 대해서 예를 들어 설명합니다.
　　예) 行く→行かない(가지 않다)　待つ→待たない(기다리지 않다)
　　　　帰る→帰らない(돌아가지 않다)
와 같이 각 행의 う단으로 끝나는 동사들을 하나하나 예를 들어 설명합니다.

【4】동사의 ない형에서 주의해야 할 사항을 설명합니다.
　　① う→わない(う로 끝나는 1그룹 동사가 あ단으로 바뀔 때는 반드시 う가 わない가 된다는 것을 설명합니다)
　　　예) 会う→会わない(会あない Ｘ), 買う→買わない(買あない Ｘ)
　　② ある→ない(あらない Ｘ)

【5】2그룹 동사의 ない형 어미 변화에 대해서 예를 들어 설명합니다. 예) 見る→見ない(보지 않다), 起きる→起きない(일어나지 않다), 食べる→食べない(먹지 않다), 開ける→開けない(열지 않다)

【6】3그룹 동사의 ない형 어미 변화에 대해서 설명합니다.

【7】각 그룹 동사들을 10~12개 정도 예를 들어 학습자들에게 ない형 어미 변화를 해 보도록 합니다. 학습자들에게 충분한 활용연습을 시키지 않으면 ~た方がいい, ~ない方がいい 문형 연습에서 어미 변화를 시키지 못하는 학습자들이 발생합니다.

寝る前に歯を磨きますか。
はい、磨きます。
ぼくは磨きません。

今朝から喉が痛いです。
じゃ、病院へ行った方がいいです。

寝る前には歯を磨いた方がいいですよ。

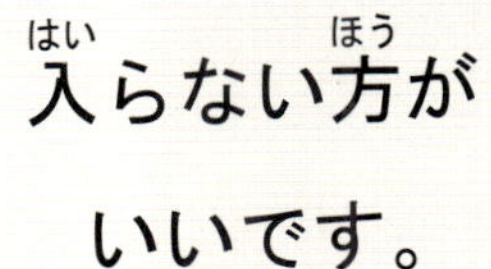

甘い物も食べない方がいいですよ。

お風呂に入ってもいいですか。
入らない方がいいです。

田中先生　あやかさんは寝る前に歯を磨きますか。

あやか　はい、磨きます。

田中先生　テミン君は。

テミン　ぼくは磨きません。へへへ……。

あやか　ええ？ 汚い。

田中先生　寝る前には歯を磨いた方がいいですよ。

それから、甘い物も食べない方がいいですね。

テミン　もちろん分かっていますが、

面倒くさいですから。

へへへ……。

새로 나온 단어

きたない (汚い) 더럽다	めいわく(迷惑) 폐, 귀찮음
あまい (甘い) 달다	めいわく(迷惑)をかける 폐를 끼치다
あまいもの (甘い物) 단 것 (단 음식)	あぶない (危ない) 위험하다, 위태롭다
たべない (食べない) 먹지 않다	ぐっすり (깊이 잠든 모양) 푹
ほう (方) 쪽, 편	さかな (魚) 생선
わかる (分かる) 알다, 이해하다	よやくする (予約する) 예약하다
めんどうくさい(面倒くさい) 번거롭다, 아주 귀찮다	しけんをうける (試験を受ける) 시험을 치다, 보다
たくさん 많이, 잔뜩	
おさけ (お酒) 술	とめる (止める) 세우다

1 ~た方がいい　~하는 편이 좋다　　　　조언, 충고

例)　寝る前に歯を磨いた方がいいです。

　　風邪を引いているときは早く寝た方がいいです。

　　中学生のときは本をたくさん読んだ方がいいです。

체크 ~た方がいいです는 상대방에게 조언이나 충고를 하는 표현으로 문법 공부 3의 ~ない方がいいです와 함께 설명하는 것이 좋겠습니다. 다만, 학습자들이 2그룹 동사의 た형 변화와 ない형 변화는 어려워하지 않으나 1그룹 동사들의 た형 변화와 ない형 변화는 어려워하는 경향이 있기 때문에 주의하셔서 지도하시길 바랍니다.

2 동사의 ない형　~하지 않다　　　보통체의 부정형

체크 동사의 보통체 부정형 ない에 대한 설명은 127p를 참고하시기 바랍니다.

1그룹 동사 (5단 동사)：う단 → あ단 + ない

【주의】買う → 買わない (O)、買あない (X)　　ある → ない (O)、あらない (X)

2그룹 동사 (1단 동사)：る → ない

3그룹 동사 (변격 동사)：くる → こない ｜ する → しない

예)　会う → 会わない　　行く → 行かない　　話す → 話さない
　　만나다　　　　　　　가다　　　　　　　말하다

　　待つ → 待たない　　遊ぶ → 遊ばない　　帰る → 帰らない
　　기다리다　　　　　　놀다　　　　　　　돌아가(오)다

　　起きる → 起きない　　見る → 見ない　　食べる → 食べない
　　일어나다　　　　　　보다　　　　　　　먹다

3 ~ない方がいい　~하지 않는 편이 좋다　　　조언, 충고

例)　寝る前に食べない方がいいです。

　　お酒は飲まない方がいいです。

　　人に迷惑をかけない方がいいです。

4 ~から　~(이기) 때문에, ~이어서, ~이니까　　　원인, 이유

例)　用事があるから、ぼくは早く帰ります。

　　冬は寒いですから、嫌いです。

　　あそこは危ないですから、行かない方がいいです。

체크 원인, 이유를 나타내는 조사 から는 조사 ので와 같은 의미를 나타내나 명사와 ナ형용사에서의 접속이 다릅니다. 조사 から는 명사, ナ형용사의 어간+だから, 조사 ので는 명사, ナ형용사의 어간+なので의 형태로 접속됩니다.

예) あしたは日曜日だから、会社へ行きません。
　　　　　　　　　なので
　　このコンピューターは使い方が簡単だから、人気があります。
　　　　　　　　　　　　　　　　　　なので

... 문형연습

다음과 같이 말해 볼까요?

1. 寝る前に歯を磨いた方がいいです。
　　　① 　　　 ②

例)

1) 食事する
手を洗う

2) 旅行する
ホテルを予約する

3) 試験を受ける
ぐっすり寝る

2. 用事があるから、ぼくは行かない。
　　　① 　　　　　② 　　③

例)

1) あのかばんは高い
私
買う

2) 魚は嫌いだ
私
食べる

3) このまんがはおもしろくない
ぼく
読む

3. あそこは危ないですから、行かない方がいいです。
　　　① 　　　　　　　　②

例)

1) このかばんは高い
買う

2) あの本は難しい
読む

3) ここは店の前
車を止める

다음 그림을 보고 보기와 같이 말해 보세요.

1) 보기　寝る前に歯を磨いた方がいいです。

답　__________前に________を________方がいいです。

2) 보기　お酒は飲まない方がいいです。

답　__________(で)は__________ない方がいいです。

1. 다음 보기와 같이 밑줄 친 부분을 완성하세요.

> **보기** 볼일이 있기 때문에 나는 가지 않는다.
> → 用事があるから私は行かない。

1) 저 시계는 비싸기 때문에 나는 사지 않겠다.
   → あの時計は高いから私は ___買わない___ 。

2) 파(대파)를 싫어하기 때문에 나는 먹지 않는다.
   → ながねぎが嫌いだから私は ___食べない___ 。

3) 이 소설은 재미없어서 나는 읽지 않는다.
   → この小説は面白くないから私は ___読まない___ 。

4) 커피를 좋아하지 않기 때문에 나는 마시지 않는다.
   → コーヒーが好きじゃないから私は ___飲まない___ 。

5) 시간이 없어서 애니메이션은 보지 않는다.
   → 時間がないからアニメは ___見ない___ 。

2. 다음 단어를 이용하여 우리말을 일본어 문장으로 완성하세요.

> **보기** [たばこ | 体に悪い | やめる] 담배는 몸에 안 좋기 때문에 끊는 편이 좋습니다.
> → たばこは体に悪いからやめた方がいいです。

1) [体の調子 | よい | 休む] 몸 컨디션이 좋지 않기 때문에 조금 쉬는 편이 좋습니다.
   → ___体の調子がよくないから少し休んだ方がいいです___ 。

2) [働きすぎる(과로하다) | ぐっすり(충분히) | 寝る] 과로했기 때문에 충분히 자는 편이 좋다.
   → ___動きすぎたからぐっすり寝た方がいいです___ 。

3) [風邪を引く | お風呂に入る] 감기 걸렸기 때문에 목욕하지 않는 편이 좋다.
   → ___風邪を引いたからお風呂に入らない方がいいです___ 。

4) [スーパー | 高い | 買う] 저 수퍼마켓은 비싸기 때문에 안 사는 편이 좋습니다.
   → ___あのスーパーは高いから買わない方がいいです___ 。

듣기연습

1. 대화를 잘 듣고 무엇을 하는 것이 좋은지 그림에서 찾아보세요.

1) (b)

2) (c)

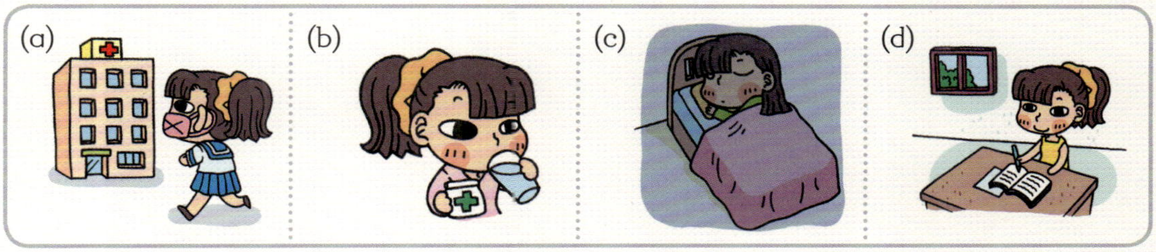

3) (a)

4) (d)

2. 대화를 듣고 하는 편이 좋은 일에는 ○, 하지 않는 편이 좋은 일에는 ✕를 쓰세요.

(1) (✕)   (2) (✕)   (3) (○)   (4) (✕)

한자	뜻	읽는 방법	쓰는 순서	관련어
運	돌 운	① うん ② はこぶ	運	運転 (うんてん) 운전 運動 (うんどう) 운동 運ぶ (はこぶ) 나르다, 운반하다
転	구를 전	① てん ② ころぶ	転	転勤 (てんきん) 전근 転学 (てんがく) 전학 転ぶ (ころぶ) 구르다, 넘어지다
待	기다릴 대	① たい ② まつ	待	待遇 (たいぐう) 대우 招待 (しょうたい) 초대 待つ (まつ) 기다리다
話	말할 화	① わ ② はなす	話	話題 (わだい) 화제, 이야깃거리 会話 (かいわ) 회화 話す (はなす) 이야기하다, 말하다
定	정할 정	① てい、じょう ② さだめる	定	定食 (ていしょく) 정식 定規 (じょうぎ) 자 定める (さだめる) 정하다, 결정하다

준비물

동사 그림카드, 동사 글자카드

게임방법

❶ 4~6명씩 조를 만든다.

❷ 동사 그림카드와 글자카드를 나누어 가지런히 뒤집어 둔다.

❸ 순서를 정한 후, 첫 번째 학생이 그림카드와 글자카드 한 장씩 선택하여 뒤집
는다.

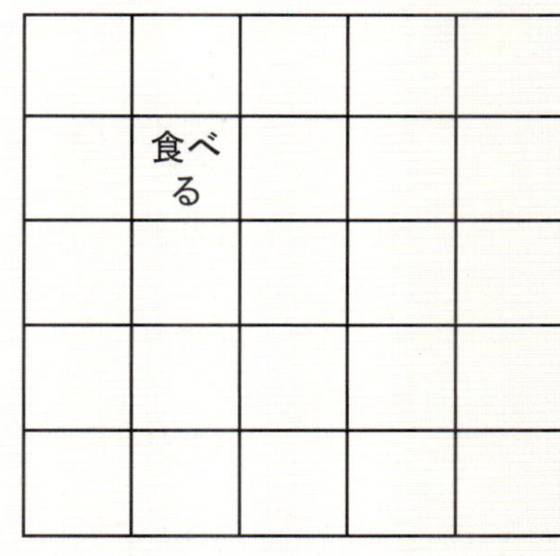

〈동사 그림카드〉　　　　　〈동사 글자카드〉

❹ 이 때 같은 글자카드와 그림카드의 짝이 맞으면 그 동사의 **ない**형을 말한 후
두 장의 카드를 가져가고, 동사의 짝이 맞지 않거나 동사의 **ない**형을 바르게
말하지 못한 경우는 카드를 다시 제자리에 엎어둔다.

❺ 순서대로 카드를 뒤집고, 카드가 없어질 때까지 반복하여 가장 많은 카드를 가져
간 사람이 승~!

숫자로 본
일본의 중학교 생활

이 다음에 커서 뭐가 되고 싶어?
– 일본 중학생들의 장래희망

남자

순위	장래희망	%	인원수
1	야구선수	14.6	83
2	축구선수	11.8	67
3	연구자, 대학교수	4.4	25
4	의사	4.1	23
5	회사원	3.9	22
6	기타 직업 (직종불명)	3.9	22
7	기타 스포츠선수	2.1	12
8	전문직	1.9	11
8	음식점 주인, 점원	1.9	11
10	요리사, 주방장	1.8	10
11	작가, 소설가	1.4	8
11	농구선수	1.4	8
13	수의사	1.2	7
13	연예인 (가수, 성우, 개그맨)	1.2	7
16	학교 선생님	1.1	6
16	법률가 (변호사, 판사, 검사)	1.1	6
16	미술가 (화가, 사진작가)	1.1	6
16	음악가 (피아니스트, 바이올리니스트)	1.1	6
16	스포츠 트레이너	1.1	6
16	스포츠 관련 직업 (직종불명)	1.1	6
16	파일럿	1.1	6

- ◆ 무응답 — 12.3 — 70
- ◆ 아직 정하지 않음 — 3.9 — 22
- ◆ 없음 — 1.9 — 11

여자

순위	장래희망	%	인원수
1	보육원, 유치원 선생님	6.2	33
1	패션 디자이너, 디자이너	6.2	33
3	연예인 (가수, 성우, 개그우먼)	5.1	27
4	케익가게 주인, 파티셰	4.9	26
5	의사	4.1	22
6	기타 직업 (직종불명)	3.6	19
7	음악가 (피아니스트, 바이올리니스트)	3.4	18
8	학교 선생님	3.2	17
9	미용사, 이발사	2.8	15
10	스포츠 트레이너	2.4	13
10	만화가, 일러스트레이터	2.4	13
10	간호사	2.4	13
13	수의사	2.3	12
13	동물 조련사, 동물원 사육사	2.3	12
13	댄서	2.3	12
16	작가, 소설가	1.9	10
16	트리머	1.9	10
16	꽃가게 주인	1.9	10
19	약사	1.7	9
19	기타 교육직	1.7	9
19	스튜어디스	1.7	9

- ◆ 무응답 — 7.7 — 41
- ◆ 아직 정하지 않음 — 3.4 — 18

キムチは食べる ことができますか。

김치는 먹을 수 있습니까?

학습목표

- 동사의 가능형 만들기
- 동사 가능표현 익히기

<ruby>読<rt>よ</rt></ruby>む

<ruby>読<rt>よ</rt></ruby>めます。
<ruby>読<rt>よ</rt></ruby>むことができます。

<ruby>読<rt>よ</rt></ruby>めません。
<ruby>読<rt>よ</rt></ruby>むことができません。

キムチは
食べることが
できますか。

食べられます。

辛くて食べられません。

日本の食べ物は
何でも
食べられますか。

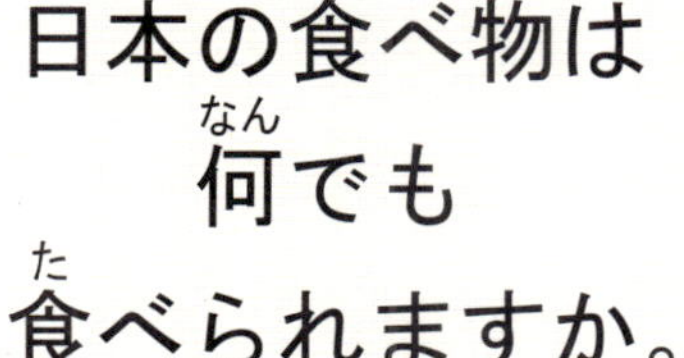

はい、何でも食べられます。

はい、何でも食べることができます。

141

12課　キムチは食べることができますか。

テミン　あやかさんは韓国語を読むことができますか？

あやか　ええ。すこしなら読むことができますよ。

テミン　えっ、本当に。

あやか　テミン君が日本へ来る前に少し勉強したことが

　　　　あります。

テミン　キムチは食べることができますか？

あやか　いいえ、キムチは辛くて食べられません。

　　　　テミン君は日本の食べ物は何でも食べられますか？

テミン　はい、何でも食べられますよ。

あやか　うそでしょう。

テミン　本当ですよ。

できます　할 수 있습니다	うそ　거짓말
ほんとうだ (本当だ) 정말이다, 사실이다, 진짜다	なっとう (納豆) 낫또, 삶은 콩을 발효시킨 식품
ほんとうに (本当に) 정말로	のぼる (登る) (높은 곳으로) 올라가다
すこし (少し) 조금	たべられる (食べられる) 먹을 수 있다
～なら　～(이)라면	れいぞうこ (冷蔵庫) 냉장고
たべもの (食べ物) 음식물, 먹을 것	はこぶ (運ぶ) 나르다
なんでも (何でも) 무엇이든지	おもい (重い) 무겁다

1 동사의 기본형＋ことができる (できない)
~할 수 있다 (없다)

가능의 문형 표현

例)　キムチは食べることができますか。

あやかさんは韓国語を読むことができますか。

私はカタカナを書くことができません。

2 ~が＋동사의 가능형　~을/를 할 수 있다

1그룹 동사 (5단 동사) : う단 → え단 + る

2그룹 동사 (1단 동사) : る → られる

3그룹 동사 (변격 동사) : くる → こられる │ する → できる

예)　会う → 会える　　　　行く → 行ける　　　　話す → 話せる
　　　만나다　　　　　　　가다　　　　　　　말하다

　　　待つ → 待てる　　　　遊ぶ → 遊べる　　　　帰る → 帰れる
　　　기다리다　　　　　　놀다　　　　　　　돌아가(오)다

　　　起きる → 起きられる　見る → 見られる　　　食べる → 食べられる
　　　일어나다　　　　　　보다　　　　　　　먹다

例)　ぼくはさしみが食べられます。

あやかさんは韓国語が読めますか。

私はカタカナが書けません。

체크

[1] 동사의 가능형은 ~을/를 할 수 있다로 해석되며 가능형 동사의 어미 변화는
　　1그룹 동사 : う단→え단+る
　　2그룹 동사 : る→られる
　　3그룹 동사 : くる→こられる　する→できる
로 어미 변화한다는 것을 설명합니다.

[2] 1그룹 동사들의 예를 들어가며 가능형의 어미 변화를 설명합니다. 예) 買う→買える, 書く→書ける, 持つ→持てる, 飲む→飲める, 帰る→帰れる 등

[3] 2그룹 동사들의 예를 들어가며 가능형의 어미 변화를 설명합니다. 예) 見る→見られる, 起きる→起きられる, 食べる→食べられる, 開ける→開けられる 등
이 때, る로 끝나는 1그룹 동사와 2그룹 동사를 가능형으로

만들 때 학습자들이 어미 변화를 틀리지 않도록 강조합니다.

[4] 3그룹 동사 くる, する의 가능형에 관해서 설명합니다.

[5] 가능형 동사들은 ~을/를 할 수 있다로 해석하지만 조사는 반드시 が를 사용한다는 것을 강조해서 설명합니다.

[6] 1, 2그룹 동사들을 10개 정도 예를 들어서 학습자들이 직접 가능형 동사를 만들어 보도록 합니다. 선생님들은 틀리는 학습자들에게 왜 틀렸는지를 지도합니다.

[7] 문법공부 1에서 배운 가능의 문형표현과 의미는 같으나 조사 사용이 다르다는 것을 예를 들어 설명합니다.
　예) 私はカタカナを書くことができません。
　　　私はカタカナが書けません。
　　　あやかさんは韓国語を読むことができますか。
　　　あやかさんは韓国語が読めますか。

다음과 같이 말해 볼까요?

1. あやかさんは韓国語を読むことができますか。
①　　　　②　　　　③

　　　はい、すこしなら読むことができます。 긍정
　　　　　　　　　③
　　　いいえ、読むことができません。 부정
　　　　　　③

例)

1)　テミン君
　　納豆
　　食べる

2)　妹さん
　　ひらがな
　　書く

3)　ボラさん
　　日本の歌
　　歌う

2. キムチを食べることができますか。
①　　　　②

　　　　　いいえ、辛くて食べられません。
　　　　　　　　　　　③

例)

1)　冷蔵庫
　　運ぶ
　　重い｜運ぶ

2)　漢字
　　書く
　　難しい｜書く

3)　日本の新聞
　　読む
　　漢字が多い｜読む

다음 그림을 보고 보기와 같이 질문에 답해 보세요.

1) 보기 <u>韓国語</u>を<u>読む</u>ことができますか。

はい、すこしなら<u>読む</u>ことができます。

답 ＿＿＿＿＿＿を＿＿＿＿＿＿ことができますか。

はい、すこしなら＿＿＿＿＿＿ことができます。

2) 보기 <u>キムチ</u>を<u>食べる</u>ことができますか。

いいえ、<u>辛</u>くて<u>食べられません</u>。

답 ＿＿＿＿＿＿を＿＿＿＿＿＿ことができますか。

いいえ、＿＿＿＿＿＿くて＿＿＿＿＿＿。

1. 다음 중 가능표현으로 부적합한 것을 모두 골라 (✔) 표시하세요.

1) **読む** 책을 읽을 수 있다

① 本を読むことができる。（ 　 ）

② 本を読まれる。（ ✔ ）

③ 本を読める。（ ✔ ）

2) **会う** 그를 만날 수 없다

① 彼に会えない。（ 　 ）

② 彼に会うことができない。（ 　 ）

③ 彼に会われない。（ ✔ ）

3) **食べる** 이것은 먹을 수 있다

① これは食べることができる。（ 　 ）

② これは食べらない。（ ✔ ）

③ これは食べられる。（ 　 ）

4) **見る** 볼 수 있다

① 博物館は何時からみえますか。（ ✔ ）

② 博物館は何時まで見ることができますか。（ 　 ）

③ 博物館は何時まで見られますか。（ 　 ）

2. 다음 대화를 완성하세요.

1) A : あやかさんは韓国語が読めますか。

B : ええ、すこしなら＿＿＿読めます（読むことができます）＿＿＿。（읽을 수 있습니다）

2) A : えっ、本当に＿＿＿読めますか（読むことができますか）＿＿＿。（읽을 수 있습니까）

B : ええ、日本へ来る前に少し勉強したことがあります。

3) A : キムチは食べられますか。

B : いいえ、キムチは＿＿＿辛くて食べられません＿＿＿。（食べることができません）（매워서 먹을 수 없습니다）

4) A : テミン君はギターが弾けますか。 ※ ギター 기타

B : いいえ、ギターは＿＿＿弾けませんが＿＿＿、（弾くことができませんが）（못칩니다만）

ピアノは弾けます。（칠 수 있습니다）

5) A : この図書館では本が借りられますか。

B : すみませんが学生証がなければ＿＿＿借りられません＿＿＿。（借りることができません）（빌릴 수 없습니다）

※ 学生証 학생증　なければ 없으면　借りる 빌리다

146

1. 대화를 잘 듣고 할 수 있으면 ○, 없으면 ×를 쓰세요.

1) あやか

(×)　　(○)　　(○)　　(×)

2) テミン

(○)　　(×)　　(×)　　(×)

2. 다음 대화를 듣고 각각 어떤 것을 할 수 있는지 선으로 연결하세요.

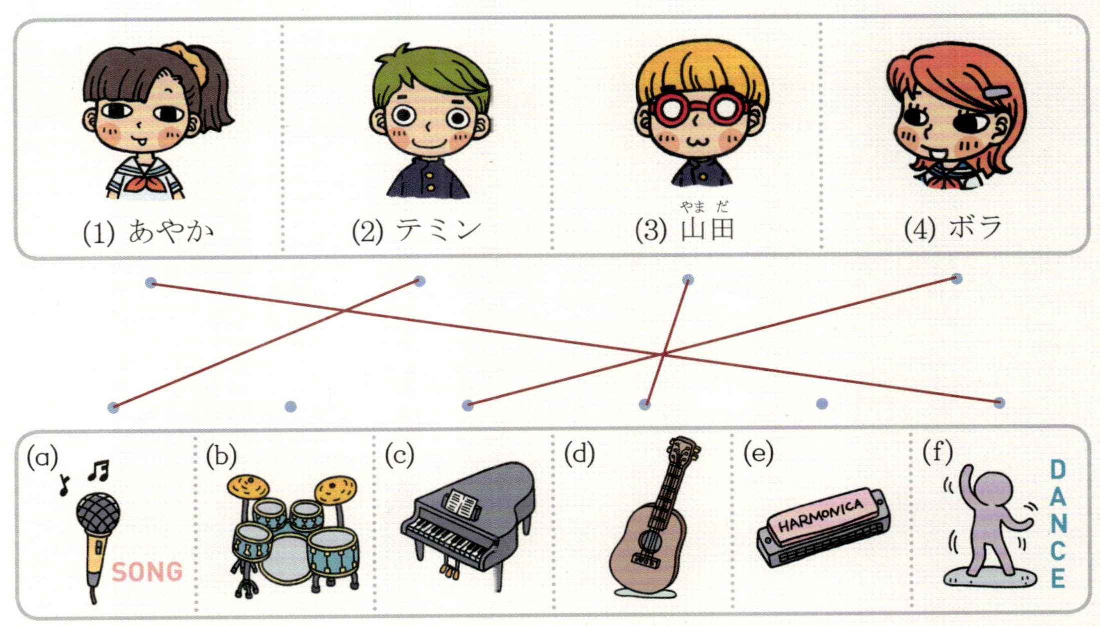

※ 文化祭 문화제　　ギター 기타　　ダンス 댄스, 춤

한자	뜻	읽는 방법	쓰는 순서	관련어
禁	금할 금	① きん	禁	禁止 (きんし) 금지 禁煙 (きんえん) 금연, 담배를 못 피우게 함 禁じる (きんじる) 금지하다, 못하게 하다
止	그칠 지	① し ② とめる、やむ	止	停止 (ていし) 정지 止める (とめる) 멈추다, 정지하다 止む (やむ) 그만두다, 그치다
新	새로울 신	① しん ② あたらしい	新	新聞 (しんぶん) 신문 新刊 (しんかん) 신간, 새로 간행한 책 新しい (あたらしい) 새롭다, 싱싱하다
家	집 가	① か、が ② いえ、うち	家	家族 (かぞく) 가족, 집안 식구 家庭 (かてい) 가정, 한 집안 家 (いえ) 집, 가정, 집안
帰	돌아갈 귀	① き ② かえる	帰	帰国 (きこく) 귀국, 자기 나라로 돌아 옴, 또는 돌아 감 帰る (かえる) 돌아가다, 돌아오다 帰家 (きか) 귀가

준비물

장소 카드

게임방법

❶ 4~6명씩 조를 만든다.

❷ 장소 카드를 준비하고 카드는 섞어서 책상 위에 골고루 뒤집어 둔다.

❸ 순서를 정한 후, 첫 번째 학생은 카드를 한 장 뒤집어 장소를 조용히 확인한다.

❹ 나머지 학생들은 가능형 문장으로 질문을 하여 장소를 맞혀야 한다.

첫 번째 학생은 'はい', 'いいえ'로만 대답해야 한다.

예) 학생2 ごはんが食べられますか。

학생1 いいえ。

학생3 本が読めますか。

학생1 はい。

학생2 教室ですか。

학생1 いいえ。

학생4 図書館ですか。

학생2 はい。そうです。

가장 먼저 장소를 맞힌 학생에게 카드를 준다.

❺ 같은 방법으로 한 바퀴를 돌고 마지막에 가장 많은 카드를 가진 학생이 승~!

숫자로 본
일본의 중학교 생활

▌너는 학교 끝나고 뭐하니?
– 일본 중학생들의 방과후 일과

중학생들이 평일 방과후에 잘 노는 장소는 자기 집 (30.5%), 친구네 집 (11.3%), 학교 교실 (9.4%) 순으로 가장 많았습니다.

그 밖에 게임센터나 노래방 (8.4%), 책이나 비디오 대여점 (6.7%), 편의점이나 슈퍼 등 동네 가게 (6.4%), 백화점 등이 있는 번화가 (5.3%) 등도 있습니다.

◆ 일본 중학생들이 평일 방과후 잘 노는 장소

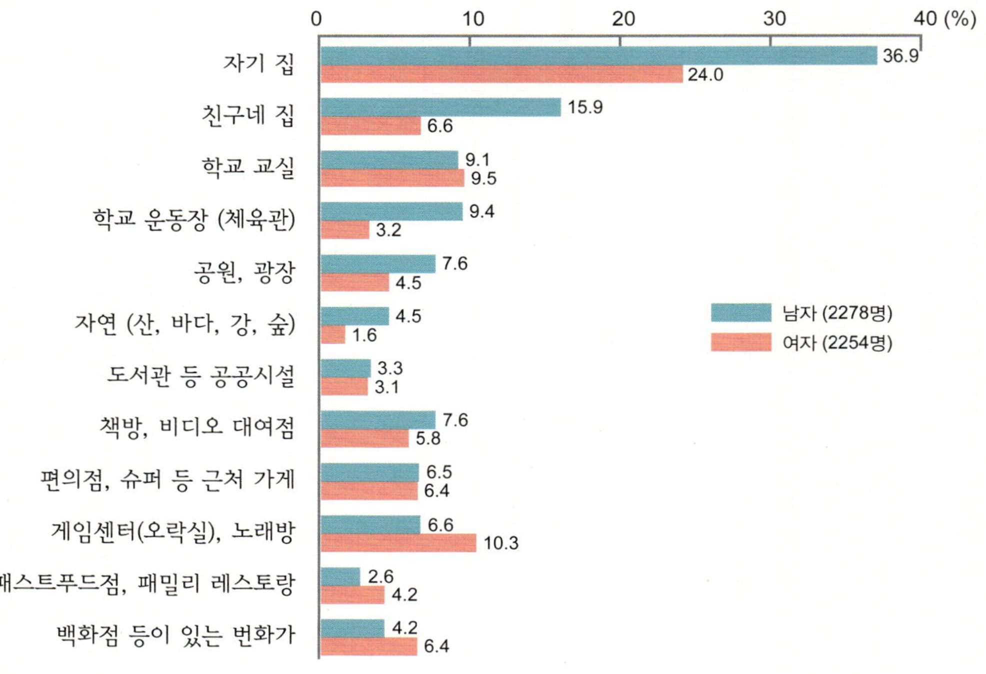

종합 TEST

※ 괄호 안에 들어갈 적당한 말을 고르세요.

1. おはようございます。(　　　　　　　) 何時に寝ましたか。

　　① 昨日　　　② 今日　　　③ 朝　　　④ あさって

2. ご飯はちゃんと (　　　　　　) か。

　　① します　　② たべます　　③ のみます　　④ だいじょうぶです

3. いいえ、食べません。牛乳 (　　　　　　) です。

　　① から　　　② だけ　　　③ ごろ　　　④ なら

※ 동사의 어미변화가 바르게 되어있는 단어를 고르시오.

4. 昨日駅の前の本屋で日本語の本を買う。

　　① 買きました　　② 買いました　　③ 買りました　　④ 買うました

5. 昨日は一日中雨が降ったのでうちにいる。

　　① いりました　　② ありました　　③ いました　　④ あります

6. もう、こんな時間ですか。そろそろ家にかえる。

　　① かえます　　② かえりです　　③ かえります　　④ かえりました

※ 다음 문장 중 자연스럽지 않은 부분을 찾아 바르게 고치시오.

7. 明日試験なので今日は友達が一緒に勉強します。

　　⇒ (　　　　　　が → と(一緒に)　　　　　　　　)

8. 日本の冬はとてもさむいます。

　　⇒ (　　　　　　ます → です　　　　　　　　)

9. 昨日雨がふきましたね。

　　⇒ (　　　　　ふきましたね → ふりましたね　　　　　)

10. 先生、日本語勉強は難しいですか。

　　⇒ (　　　　　日本語勉強 → 日本語の勉強　　　　　)

※ 괄호 안에 들어갈 적당한 말을 고르세요.

1. あそこに先生が＿＿＿＿＿＿＿。
　① あります　　②います　　③ ありません　　④ いいです

2. 駅の近くに本屋が＿＿＿＿＿＿＿。
　① いません　　② となりです　　③ います　　④ あります

3. 机の上＿＿＿＿本があります。
　① が　　　　② を　　　　③に　　　　④ へ

4. あそこに白い建物＿＿＿＿あります。
　①が　　　　② を　　　　③ でも　　　　④ も

5. A: 子犬はどこに＿＿＿いますか＿＿＿。
　 B: 子犬は机の＿下＿に＿います＿。

6. A: 本はどこに＿ありますか＿。
　 B: 本は机の＿上＿に＿あります＿。

7. A: 机のうえに本がありますか。　　B: いいえ、＿＿＿＿＿＿＿。
　① そうですね　② いません　　③ そうではありません　④ありません

8. A: 本はどこにありましたか。　　B: 本はかばんの中に＿＿＿＿＿＿。
　①ありました　② ありませんでした　③ いませんでした　④ いません

※ 다음 문장을 읽고 질문에 답하세요. (문9～10)

> ここは教室です。教室の中にテミンさんとユミさんがいます。
> 机もあります。机の上にテミンさんのかばんがあります。
> ユミさんのかばんはありません。

9. 教室に誰がいますか。
　① テミンさん　② ユミさん　③テミンさんとユミさん　④ 誰もいません

10. テミンさんのかばんはどこにありますか。
　① 机の下にあります　　②机の上にあります
　③ 机の上にありません　　④ 机の隣にありません

※ 괄호 안에 들어갈 적당한 말을 고르세요.

1. 私はキムチ______好きです。
　　① に　　　　② を　　　　③ が　　　　④ へ

2. 韓国料理の______でなにが一番好きですか。
　　① 下　　　　② 上　　　　③ となり　　　　④ 中

3. テミン君は日本のどこへ__________ですか。
　　① 食べたい　　② 行きたい　　③ したい　　④ 好き

4. 私は本が__________です。
　　① 読みたい　　② 読んだい　　③ 読むたい　　④ 読またい

5. キムチは辛い________おいしいです。
　　① たい　　　② これ　　　③ けど　　　④ と

6. 明日僕の友だちが日本______来ます。
　　① を　　　　② と　　　　③ で　　　　④ へ

7. 私は日本語の勉強が________です。
　　① します　　② する　　③ したい　　④ し

8. この漫画はあまり__________ありません。
　　① 読む　　　② 読めたい　　③ 読みたい　　④ 読みたく

※ 다음 문장을 읽고 질문에 답하세요. (문9～10)

韓国の料理の中で一番好きな食べ物はキムチです。
キムチは辛いけど、とてもおいしいです。
私は毎日食べたいです。

9. 私が一番好きな食べ物は何ですか。
　　① キムチ　　② 焼肉　　③ ビビンパ　　④ ナムル

10. 私はキムチが毎日食べたいですか。
　　① はい、毎日食べたいです　　② はい、毎日食べたくありません
　　③ いいえ、毎日食べたいです　　④ はい、毎日食べたくありません

※ 괄호 안에 들어갈 적당한 말을 고르세요.

1. 父は毎朝6時に（　　　　　　　）、コーヒーを飲みます。

　　① 起こって　　② 寝て　　③ 起きて　　④ 寝って

2. いもうとは友だちと一緒に（　　　　）います。

　　① 遊んで　　② 遊んだ　　③ 遊べて　　④ 遊んだり

3. 家で一人でテレビを（　　　　　　）います。

　　① 見て　　② 診て　　③ 見えて　　④ 診えて

4. お母さん（　　　　）手紙を書いています。

　　① から　　② に　　③ を　　④ ので

5. 新しく入った本を（　　　　　　）、図書館へ行きます。

　　① 借りと　　② 借りは　　③ 借りに　　④ 借っに

6. 明日、一緒に動物園に（　　　　　　　　）。

　　① 行きましたか　② 行きません　③ 行きましょうか　④ 行ったでしょうか

※ 다음 네 개의 문장 가운데 밑줄 친 부분의 성격이 다른 하나를 고르시오.

7. ① 今年の2月に大学を卒業しました。　② この薬は食前に飲みます。

　　③ 毎朝6時半に起きます。　　④ 土曜日に本を買いに行きます。

8. ① 一人で雑誌を読んでいます。　② 家族と一緒にご飯を食べています。

　　③ 試験が終わって、久しぶりに映画を見ています。

　　④ この時間にはいつも起きています。

※ 주어진 예문을 일본어로 고쳤습니다. 잘못된 곳을 찾으세요.

9. 아침 7시에 일어나 아침식사를 하고 신문을 보고 그리고 회사에 갑니다.

　　① 朝7時に起きて、② 朝ごはんを食べて、③ 新聞を読んで、そして

　　④ 会社へ行きました。

10. 휴일이어서 친구와 함께 모자를 사러 백화점에 갔습니다.

　　① 休みなので ② 友だちも一緒に ③ 帽子を買いに ④ デパートへ行きました。

※ 괄호 안에 들어갈 적당한 말을 고르세요.

1. 寒いので窓を (　　　　　　) いいですか。

　　① 開けたら　　② 開けても　　③ 閉めたら　　④ 閉めても

2. 中学生は車を運転しては (　　　　　　)。

　　① いきます　　② いけます　　③ いきません　　④ いけません

3. バス (　　) 行きますか、それとも電車 (　　) 行きますか。

　　① で、で　　② で、に　　③ に、に　　④ に、で

4. 私は木村 (　　) 申します。どうぞよろしくお願い致します。

　　① に　　② と　　③ とも　　④ で

5. 今日は授業が早く終わった (　　)、友だちと映画を見 (　　) 行きました。

　　① から、で　　② から、から　　③ ので、まで　　④ ので、に

※ 괄호 안에 넣기에 적당치 않은 것을 고르시오.

※横断歩道 횡단보도

6. 信号が赤なので、横断歩道を渡っては (　　　　　　)。

　　① いきません　　② いけない　　③ いけません　　④ だめです

7. 果物を買いに、スーパー (　　) 行ってきました。

　　① から　　② まで　　③ へ　　④ に

※ 주어진 예문을 일본어로 고쳤습니다. 잘못된 곳을 찾으세요.

8. A: 이 사과, 하나 먹어도 될까요?　　B: 네, 그렇게 하세요.

　　A: ① このりんご、② ひとり　③ 食べてもいいですか。

　　B: ④ はい、どうぞ。

9. 학생이기 때문에 담배를 피우면 안 됩니다.

　　① 学生ですので、② たばこを　③ 吸っては　④ いきません。

10. A: 이 음식은 일본어로 무엇이라 합니까?　　B: 그것은 스시라고 합니다.

　　A: この食べ物は ① 日本語で　② 何で　③ 言いますか。

　　B: それは ④ 寿司と言います。

※ 괄호 안에 들어갈 적당한 말을 고르세요.

1. 今朝 (　　　　　) ので、食事をしなかった。

　① いそがしい　② いそがしいだった　③ いそがしかった　④ いそがしいでした

2. あら、先生、かぜ (　) ひきましたか。

　① に　　　　② で　　　　③ は　　　　④ を

3. 目が (　　　　) のどもいたいです。

　① かゆいで　② かゆくない　③ かゆくて　④ かゆかった

4. 昨日は (　　　　) ので、父と散歩しました。

　① 休日　　② 休日だ　　③ 休日では　　④ 休日だった

※ 다음 대화를 완성하시오.

5. 先生: お母さんはお元気ですか。

　佐藤君: はい、＿＿＿＿おかげさまで(元気です)＿＿＿＿。

6. 学生: 先生、黒板のひらがながよく見えません。

　先生: わかりました。では、＿＿＿大きく＿＿＿書きます。

7. 先生: 今日は、早く帰ってゆっくり休んでください。

　＿＿＿ところで＿＿＿お母さんはどこにいますか。

　テミン: お母さんは家にいます。

※ 다음 예문을 일본어로 써 보세요.

8. 어제 엄마와 함께 산책을 하고 나서, 목욕했습니다.

　＿＿昨日母と一緒に散歩をしてから、お風呂に入りました＿＿。

9. 볼일이 있어서 빨리 돌아갔습니다.　※用事 볼일

　＿＿用事があったので、早く帰りました＿＿。

10. 미까(みか)짱은 피아노를 치면서 그래를 하고 있습니다.

　＿＿みかちゃんはピアノを弾きながら歌を歌っています＿＿。

※ 괄호 안에 들어갈 적당한 낱말을 찾아서 ○표 하세요.

1. 0から10 (　　　　　) 数えてください。

　　① で　　　　　②まで　　　　　③ とも　　　　　④ に

2. アメリカ人と (　　　　　　　) ことがあります。

　　① 話す　　　　②話した　　　③ 話たり　　　④ 話さない

※ 어느 부분이 틀렸을까요? 찾아서 그 번호에 X표 하세요.

3. <u>私の弟</u>は<u>日本へ</u>　<u>行く</u>ことが<u>ありません</u>。 제 동생은 일본에 간 적이 없습니다.
　　①　　　　②　　　　③　　　　④

4. この<u>コンピュター</u>の<u>使い方</u>を<u>教えて</u>　<u>ください</u>。 이 컴퓨터의 사용법을 가르쳐주세요.
　　　　　①　　　　②　　③　　　④

※ 다음의 일본어를 우리말로 해석해보세요.

5. 日本語は漢字の読み方が難しいです。

　　　　　일본어는 한자 읽는 방법이 어렵습니다　　　　　。

6. どうぞ、召し上がってください。

　　　　　아무쪼록, (맛있게) 드십시오　　　　　。

※ 다음 밑줄 친 한자는 어떻게 읽을까요? 알맞은 답을 고르세요.

7. 中国の<u>小説</u>はまだ一度も読んだことがないです。

　　① しょせつ　　② こせつ　　③しょうせつ　　④ おせつ

8. キムチの<u>作り方</u>を教えてください。

　　① つくりがた　　②つくりかた　　③ つくりほう　　④ つくりぼう

※ 주어진 단어를 이용하여 우리말을 일본어로 바꾸어보세요.

9. 이 빌딩의 1층부터 5층까지는 백화점입니다.

　　(デパート、までは、です、5階、1階、から)

　　このビルの＿＿＿＿1階から5階まではデパートです＿＿＿＿。

10. 태민 군은 초밥을 먹어본 적이 있습니까?

　　(食べた、ありますか、ことが、おすしを)

　　テミン君は＿＿＿＿おすしを食べたことがありますか＿＿＿＿。

※ 다음 문장을 일어로 작문하세요.

1. 김치는 안 먹는다. (キムチ、食べる)

キムチは食べない。

2. 월요일은 바빠서 쉬지 않는다. (月曜日、忙しい、休む)

月曜日は忙しくて休まない。

3. 도서관에서는 이야기하지 않는다. (図書館、話す)

図書館では話さない。

4. 술은 먹지 않는다. (お酒、飲む)

お酒は飲まない。

※ 다음을 알맞게 연결하세요.

5. タバコは　　　　　　　　　　　　　食べないほうがいい。

6. この映画は　　　　　　　　　　　　行ったほうがいい。

7. 夜遅くおやつは　　　　　　　　　　吸わないほうがいい。

8. 図書館へ　　　　　　　　　　　　　みたほうがいい。

※ 다음 문장을 가능표현으로 바꾸어보세요

9. わたしは漢字を読む。 →　わたしは漢字を読むことができる。

10. この夏休みには米国へ行く。 →　この夏休みには米国へ行くことができる。

11. ピアノを弾く。 →　ピアノを弾くことができる。

12. この歌を上手に歌う。 →　この歌を上手に歌うことができる。

※ 다음 문장에서 틀린 곳을 찾으세요.

13. 彼はカレーライスを作るものができます。　もの → こと

14. ここでマンガを見られます。　を → が

15. 私は漢字が読みられます。　読みられます → 読めます

カタカナ와 발음

カタカナ 5０음도

	ア단	イ단	ウ단	エ단	オ단
ア	ア a	イ i	ウ u	エ e	オ o
カ	カ ka	キ ki	ク ku	ケ ke	コ ko
サ	サ sa	シ si	ス su	セ se	ソ so
タ	タ ta	チ chi	ツ tsu	テ te	ト to
ナ	ナ na	ニ ni	ヌ nu	ネ ne	ノ no
ハ	ハ ha	ヒ hi	フ hu	ヘ he	ホ ho
マ	マ ma	ミ mi	ム mu	メ me	モ mo
ヤ	ヤ ya		ユ yu		ヨ yo
ラ	ラ ra	リ ri	ル ru	レ re	ロ ro
ワ	ワ wa				ヲ wo

ン
n

🌸 **가타카나** 는 한자의 일부를 생략하거나, 한자의 획을 모방해서 만든 글자로 외래어를 표기하거나 의성어, 의태어, 또는 동·식물의 이름 등을 표기할 때 쓰입니다. 실제로 일본에서는 일상 생활에서 많이 사용되고 있기 때문에 꼭 외워야만 합니다. 가타카나의 장음은 '一'로 표기합니다.

1 청음(清音)

1) ア행

ア	イ	ウ	エ	オ
あ	い	う	え	お

2) カ행

カ	キ	ク	ケ	コ
か	き	く	け	こ

3) サ행

サ	シ	ス	セ	ソ
さ	し	す	せ	そ

※ 다음 가타카나를 차례대로 써 보세요.

ア	イ	ウ	エ	オ							
カ	キ	ク	ケ	コ							
サ	シ	ス	セ	ソ							

※ 다음 가타카나의 단어를 써 보고 큰소리로 읽으세요.

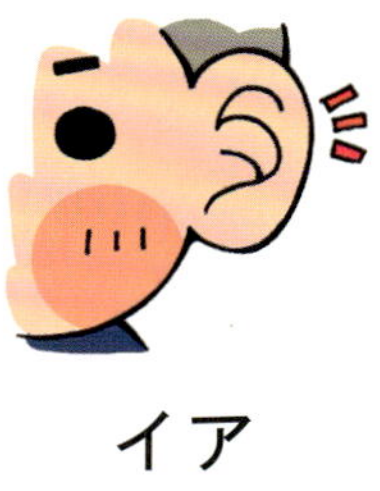

イア
귀

イ	ア

オ	ア	シ	ス

オアシス
오아시스

ココア
코코아

コ	コ	ア

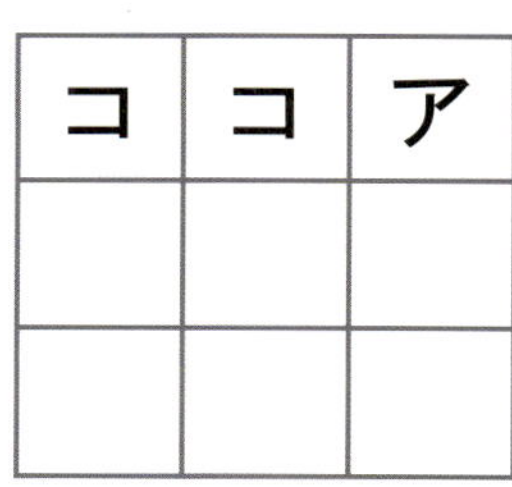

ケーキ
케이크

ケ	ー	キ

カカオ
카카오

カ	カ	オ

4) タ행

タ	チ	ツ	テ	ト
た	ち	つ	て	と

5) ナ행

ナ	ニ	ヌ	ネ	ノ
な	に	ぬ	ね	の

6) ハ행

ハ	ヒ	フ	ヘ	ホ
は	ひ	ふ	へ	ほ

7) マ행

マ	ミ	ム	メ	モ
ま	み	む	め	も

※ 다음 가타카나를 차례대로 써 보세요.

タ	チ	ツ	テ	ト							
ナ	ニ	ヌ	ネ	ノ							
ハ	ヒ	フ	ヘ	ホ							
マ	ミ	ム	メ	モ							

※ 다음 가타카나의 단어를 써 보고 큰소리로 읽으세요.

タ	ク	シ	ー

タクシー
택시

テ	ニ	ス

テニス
테니스

ト	マ	ト

トマト
토마토

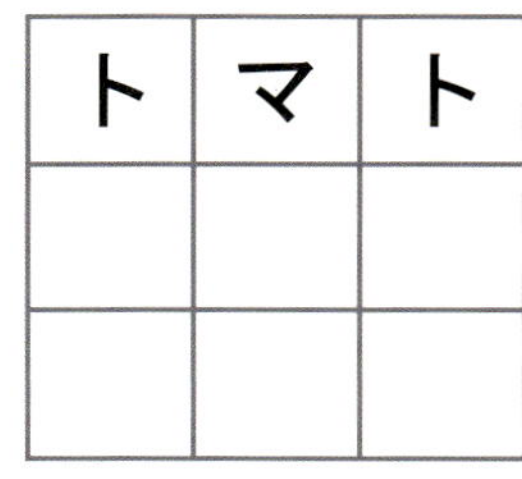

ナ	イ	フ

ナイフ
나이프

マ	ネ	ー

マネー
돈

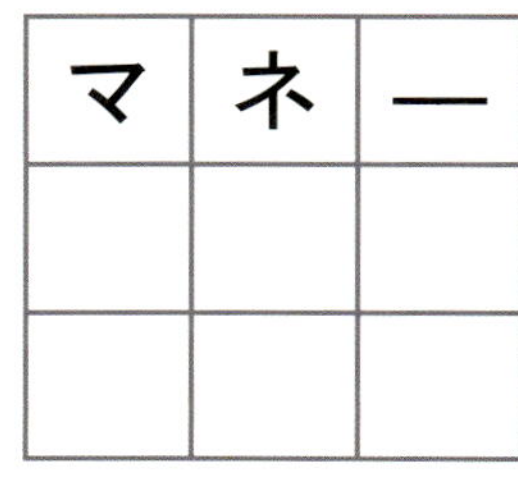

ミ	ニ	カ	ー

ミニカー
소형 자동차

8) ヤ행

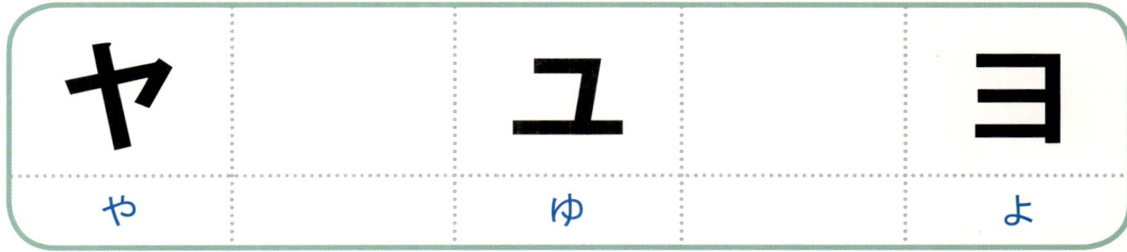

9) ラ행

10) ワ행

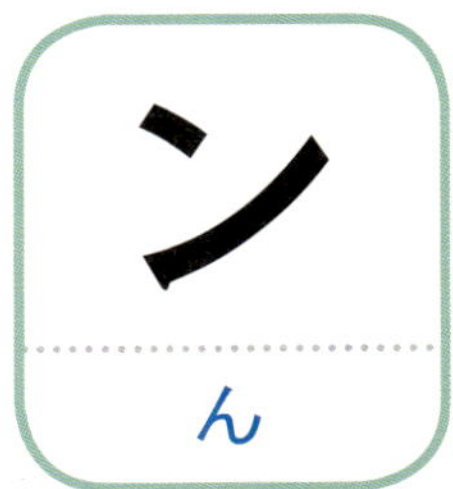

※ 다음 가타카나를 차례대로 써 보세요.

ヤ	ユ	ヨ								
ラ	リ	ル	レ	ロ						
ワ	ヲ	ン								

※ 다음 가타카나의 단어를 써 보고 큰소리로 읽으세요.

ユニコーン
유니콘

ユ	ニ	コ	ー	ン

ワイン
포도주

ワ	イ	ン

レストラン
레스토랑

レ	ス	ト	ラ	ン

ホテル
호텔

ホ	テ	ル

ロシア
러시아

ロ	シ	ア

ラーメン
라면

ラ	ー	メ	ン

1) ガ행

ガ	ギ	グ	ゲ	ゴ
が	ぎ	ぐ	げ	ご

2) ザ행

ザ	ジ	ズ	ゼ	ゾ
ざ	じ	ず	ぜ	ぞ

3) ダ행

ダ	ヂ	ヅ	デ	ド
だ	ぢ	づ	で	ど

4) バ행

バ	ビ	ブ	ベ	ボ
ば	び	ぶ	べ	ぼ

※ 다음 가타카나를 차례대로 써 보세요.

ガ	ギ	グ	ゲ	ゴ						
ザ	ジ	ズ	ゼ	ゾ						
ダ	ヂ	ヅ	デ	ド						
バ	ビ	ブ	ベ	ボ						

※ 다음 가타카나의 단어를 써 보고 큰소리로 읽으세요.

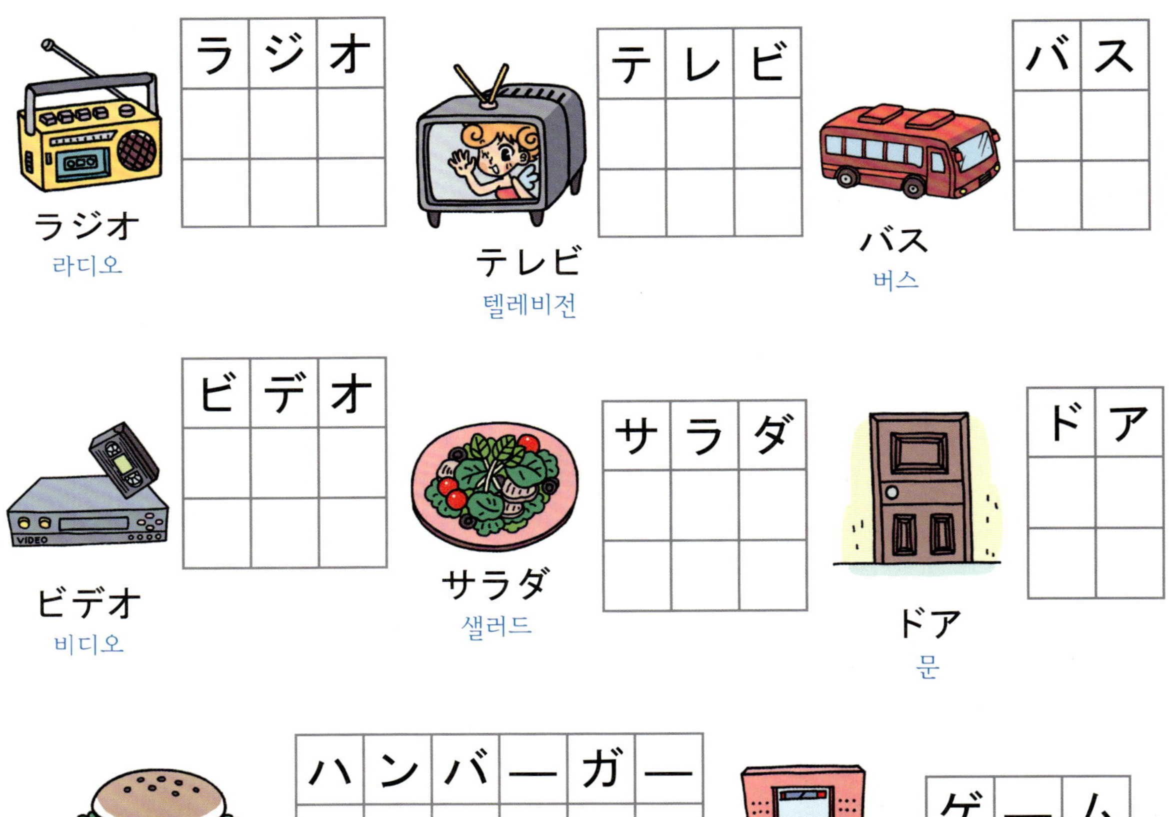

ラジオ
라디오

テレビ
텔레비전

バス
버스

ビデオ
비디오

サラダ
샐러드

ドア
문

ハンバーガー
햄버거

ゲーム
게임

3 반탁음(半濁音) _{はんだくおん}

1) パ행

パ	ピ	プ	ペ	ポ
ぱ	ぴ	ぷ	ぺ	ぽ

4 요음(拗音) _{ようおん}

キャ	キュ	キョ	キャ	キュ	キョ
きゃ	きゅ	きょ			
ギャ	ギュ	ギョ	ギャ	ギュ	ギョ
ぎゃ	ぎゅ	ぎょ			
シャ	シュ	ショ	シャ	シュ	ショ
しゃ	しゅ	しょ			
ジャ	ジュ	ジョ	ジャ	ジュ	ジョ
じゃ	じゅ	じょ			
チャ	チュ	チョ	チャ	チュ	チョ
ちゃ	ちゅ	ちょ			

ニャ にゃ	ニュ にゅ	ニョ にょ	ニャ	ニュ	ニョ
ヒャ ひゃ	ヒュ ひゅ	ヒョ ひょ	ヒャ	ヒュ	ヒョ
ビャ びゃ	ビュ びゅ	ビョ びょ	ビャ	ビュ	ビョ
ピャ ぴゃ	ピュ ぴゅ	ピョ ぴょ	ピャ	ピュ	ピョ
ミャ みゃ	ミュ みゅ	ミョ みょ	ミャ	ミュ	ミョ
リャ りゃ	リュ りゅ	リョ りょ	リャ	リュ	リョ
ティ てぃ	ディ でぃ		ティ	ディ	
ファ ふぁ	フェ ふぇ	フォ ふぉ	ファ	フェ	フォ

パ	ピ	プ	ペ	ポ									

※ 다음 가타카나의 단어를 써 보고 큰소리로 읽으세요.

パ	ー	ティ	ー

パーティー
파티

ピアノ
피아노

ピ	ア	ノ

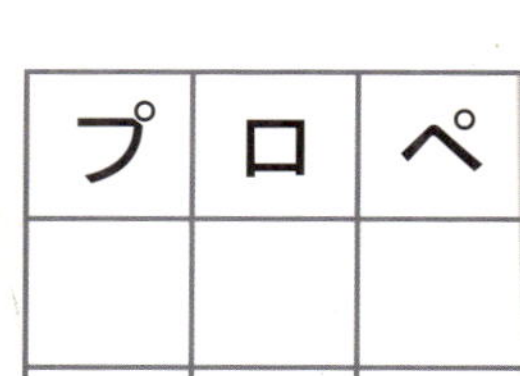

プ	ロ	ペ	ラ

プロペラ
프로펠러

ポスト
우편함

ポ	ス	ト

キ	ャ	ン	プ

キャンプ
캠프

シャツ
셔츠

シ	ャ	ツ

ジ	ャ	ム

ジャム
잼

ジ	ュ	ー	ス

ジュース
주스

ソ	フ	ァ	ー

ソファー
소파

フ	ォ	ー	ク

フォーク
포크

ニュース
뉴스

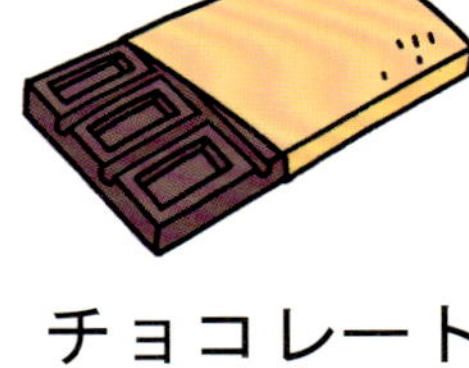

チ	ョ	コ	レ	ー	ト

チョコレート
초콜릿

ニ	ュ	ー	ス

コ	ン	ピ	ュ	ー	タ	ー

コンピューター
컴퓨터

  장음(長音)
<ruby>ちょうおん</ruby>

🌸 가타카나에서의 장음은 ' ─ '로 표기합니다.

※ 다음 단어들을 큰 소리로 따라 읽고 써 보세요.

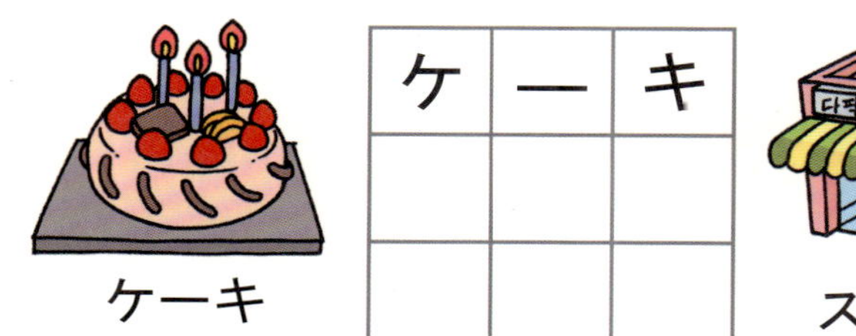

ケーキ
케이크

スーパー
슈퍼 마켓

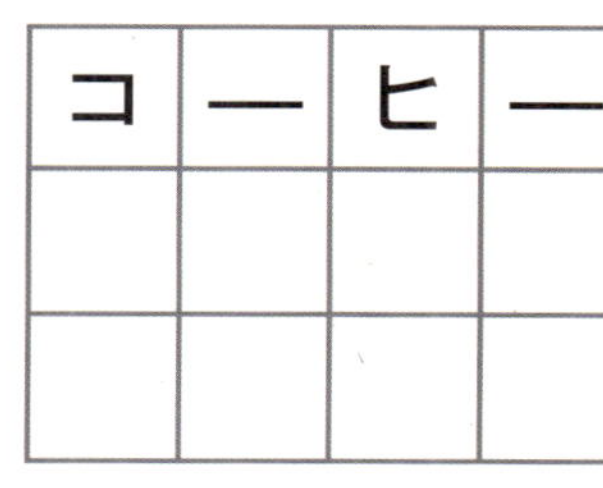

コーヒー
커피

テーブル
테이블

6 촉음(促音)
そくおん

🌸 촉음 'ッ'는 우리 말의 받침에 해당하며 ㄱ, ㄷ, ㅂ, ㅅ으로 발음됩니다.

※ 다음 단어들을 큰 소리로 따라 읽고 써 보세요.

サンドイッチ
샌드위치

ベッド
침대

ミ	ュ	ー	ジ	ッ	ク

ミュージック
음악

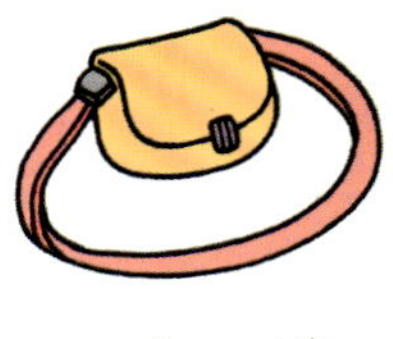

バ	ッ	グ

バッグ
가방(백)

7 발음(撥音)

🌸 발음 'ン' 역시 우리 말의 받침에 해당하며 ㄴ, ㅁ, ㅇ으로 발음됩니다.

※ 다음 단어들을 큰 소리로 따라 읽고 써 보세요.

ア	ン	テ	ナ

アンテナ
안테나

ハ	ン	カ	チ

ハンカチ
손수건

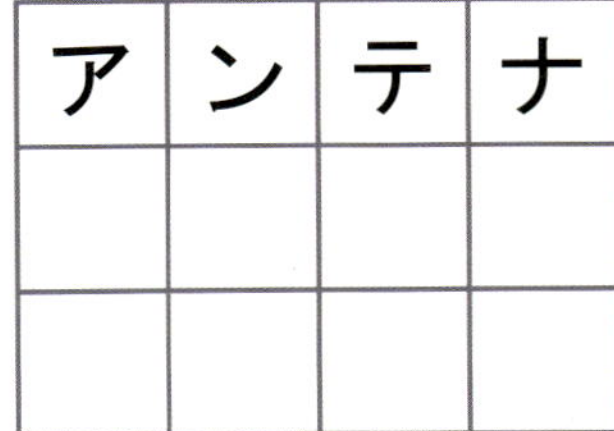

レ	ス	ト	ラ	ン

レストラン
레스토랑

ワ	ン	ピ	ー	ス

ワンピース
원피스

부록

절취선을 따라
오려서 만드세요

국가

かんこく (韓国)	한국
にほん (日本)	일본
ちゅうごく (中国)	중국
アメリカ (米国)	미국
カナダ	캐나다
オーストラリア	호주
オーストリア	오스트리아
イギリス	영국
フランス	프랑스
ドイツ	독일
イタリア	이태리
スイス	스위스
スペイン	스페인
スウェーデン	스웨덴
オランダ	네덜란드
ノルウェー	노르웨이
ヨーロッパ	유럽
ロシア	러시아
ブラジル	브라질

동물

いぬ	개
こいぬ	강아지
ねこ	고양이
うさぎ	토끼
にわとり	닭
うし	소
ぶた	돼지
きつね	여우
くま	곰
りす	다람쥐
きりん	기린
さる	원숭이
ぞう	코끼리
ひつじ	양
ねずみ	쥐
かえる	개구리
わに	악어
ライオン	사자
とら	호랑이

うま	말
たぬき	너구리
パンダ	팬더
カンガルー	캥거루
コアラ	코알라
かめ	거북이
へび	뱀
とり	새
さかな	물고기

해산물

さかな (魚)	생선
たい	도미
さんま	꽁치
いか	오징어
たこ	문어
かい (貝)	조개
わかめ	미역
えび	새우
のり (海苔)	김
こんぶ (昆布)	다시마

육류

ぎゅうにく(牛肉)	쇠고기
とりにく(鶏肉)	닭고기
ぶたにく(豚肉)	돼지고기
たまご(卵)	계란
ハム	햄
ソーセージ	소시지
ベーコン	베이컨

스포츠

テニス	테니스
ゴルフ	골프
サッカー	축구
ボーリング	볼링
スケート	스케이트
ホッケー	하키
バドミントン	베드민턴
マラソン	마라톤

スキー	스키
バレーボール	배구
けんどう (剣道)	검도
じゅうどう (柔道)	유도
たっきゅう (卓球)	탁구
やきゅう (野球)	야구
すいえい (水泳)	수영

과일

すいか	수박
もも	복숭아
りんご	사과
いちご	딸기
オレンジ	오렌지
みかん	귤
ぶどう	포도
バナナ	바나나
かき (柿)	감
くり (栗)	밤
なし (梨)	배
メロン	메론
チェリー	체리
まくわうり	참외

야채

にんじん	당근
はくさい	배추
きのこ	버섯
きゅうり	오이
かぼちゃ	단호박
とうがらし	고추
ピーマン	피망
なす	가지
だいこん	무
ほうれんそう	시금치
たまねぎ	양파
ねぎ	파
にんにく	마늘
しょうが	생강
キャベツ	양배추
トマト	토마토

신체부위

あたま (頭)	머리
かお (顔)	얼굴
め (目)	눈

はな (鼻)	코
くち (口)	입
みみ (耳)	귀
ほお	볼
あご	턱
かみのけ (髪の毛)	머리카락
くび (首)	목
かた (肩)	어깨
わき (脇)	겨드랑이
むね (胸)	가슴
せなか (背中)	등
へそ	배꼽
おなか (お腹)	배
うで (腕)	팔
て (手)	손
こし (腰)	허리
ふともも	허벅지
ひざ (膝)	무릎
ふくらはぎ	종아리
あし (足)	발
かかと	발꿈치

교통

くるま (車)	차
じどうしゃ (自動車)	자동차
でんしゃ (電車)	전철
ちかてつ (地下鉄)	지하철
きしゃ (汽車)	기차
れっしゃ (列車)	열차
じてんしゃ (自転車)	자전거
オートバイ (バイク)	오토바이
ひこうき (飛行機)	비행기
ふね (船)	배
えき (駅)	역
みち (道)	길
どうろ (道路)	도로
のりば (乗り場)	승강장
バスてい (バス停)	버스정거장
きっぷ (切符)	표
チケット (ticket)	티켓
のりかえ (乗り換え)	환승

학교생활

がっこう (学校)	학교
じゅぎょう (授業)	수업
しゅっせき (出席)	출석

けっせき (欠席)	결석
おひるやすみ (お昼休み)	점심시간
なつやすみ (夏休み)	여름방학
しゅくだい (宿題)	숙제
べんきょう (勉強)	공부
しけん (試験)	시험

과목

こくご (国語)	국어
えいご (英語)	영어
にほんご (日本語)	일본어
すうがく (数学)	수학
さんすう (算数)	산수
かがく (科学)	과학
りか (理科)	자연
しゃかい (社会)	사회
おんがく (音楽)	음악
たいいく (体育)	체육
びじゅつ (美術)	미술
かてい (家庭)	가정
どうとく (道徳)	도덕
ぎじゅつ (技術)	기술

문구

じしょ (辞書)	사전
ほん (本)	책
ノート	노트
ボールペン	볼펜
シャープペンシル (シャーペン)	샤프펜슬
えんぴつ (鉛筆)	연필
のり (糊)	풀
ふでばこ (筆箱)	필통
こくばん (黒板)	칠판
したじき (下敷き)	책받침
ものさし	자
さんかくじょうぎ (三角定規)	삼각자
はさみ	가위
かみ (紙)	종이
はこ (箱)	상자
いす (椅子)	의자
つくえ (机)	책상
ごみばこ (ゴミ箱)	쓰레기통

직업

きょうし (教師)	교사
きょうじゅ (教授)	교수
かがくしゃ (科学者)	과학자
けいさつ (警察)	경찰

がいこうかん (外交官)	외교관	しゅふ (主婦)	주부
かいしゃいん (会社員)	회사원	スポーツせんしゅ (スポーツ選手)	운동선수
せいじか (政治家)	정치가	かしゅ (歌手)	가수
こうむいん (公務員)	공무원	はいゆう (俳優)	배우
ぎんこういん (銀行員)	은행원	じょゆう (女優)	여배우
けいさつかん (警察官)	경찰관	がか (画家)	화가
しょうぼうし (消防士)	소방관	さっか (作家)	작가
うんてんしゅ (運転手)	운전수	おんがくか (音楽家)	음악가
りょうし (漁師)	어부	げいじゅつか (芸術家)	예술가
のうふ (農夫)	농부	マジシャン (手品師)	마술사
ぜいりし (税理士)	세무사	トレーナー	트레이너
かいけいし (会計士)	회계사	バレリーナ	발레리나
かんごし (看護師)	간호사	ダンサー	댄서
はいしゃ (歯医者)	치과의사	デザイナー	디자이너
いしゃ (医者)	의사	アーティスト	아티스트
やくざいし (薬剤師)	약사	ピアニスト	피아니스트
べんごし (弁護士)	변호사	スチュワーデス	스튜어디스 (항공기 승무원)
けんじ (検事)	검사	パイロット	파일럿
つうやくし (通訳士)	통역사	フリーランサー	프리랜서
ほんやくか (翻訳家)	번역가	ジャーナリスト	저널리스트
けんちくか (建築家)	건축가	プロデューサー	프로듀서
きしゃ (記者)	기자	アナウンサー	아나운서
かんこうガイド (観光ガイド)	관광가이드	サラリーマン	샐러리맨
てんいん (店員)	점원		

1과 매일 아침 몇시에 일어납니까?

아야까·태민: 선생님 안녕하세요.(아침인사)

사토선생님: 그래 안녕. 둘 다 일찍 왔구나. 태민군은 매일 아침 몇시에 일어납니까?

태민: 6시쯤 일어납니다.

사토선생님: 아침 식사는 잘 챙겨먹습니까?

태민: 예 먹습니다.

사토선생님: 아야까상은?

아야까: 저는 먹지 않습니다.

사토선생님: 에? 아무것도 먹지 않습니까?

아야까: 예.

사토선생님: 괜찮습니까?

아야까: 예, 괜찮습니다.

2과 어제 무엇을 했습니까?

태민: 아야까상, 어제 무엇을 했습니까?

아야까: 집에서 친구와 만화책을 봤습니다.

태민: 만화책은 재미있었습니까?

아야까: 예, 매우 재미있었습니다. 태민군은 무엇을 했습니까?

태민: 공원에서 겐지군과 놀았습니다.

아야까: 일본어 공부는 했습니까?

태민: 아니요, 하지 않았습니다. 헤헤헤…….

3과 이 주변에 서점은 있습니까?

태민: 실례합니다. 우체국은 어디에 있습니까?

행인: 우체국이요? 저 쪽에 하얀 건물이 보이지요.

태민: 예.

행인: 그 옆입니다.

태민: 그리고 이 주변에 서점은 있습니까?

행인: 이 주변에는 없지만, 역 근처에 있습니다.

태민: 그렇습니까. 대단히 감사합니다.

행인: 아니요, 천만에요.

4과 불고기를 가장 먹고 싶습니다

태민: 선생님은 어떤 한국요리를 좋아하십니까?

다나카선생님: 한국요리는 뭐든지 좋아합니다. 특히 김치를 좋아합니다.

태민: 흐음, 김치요? 맵지 않습니까?

다나카선생님: 맵지만 맛있습니다.

태민: 아야까상은 한국요리 중에서 무엇을 가장 먹고 싶습니까?

아야까: 저는 불고기를 가장 먹고 싶습니다. 태민군은 일본의 어디에 가고 싶습니까?

태민: 저는 오사카에 가고 싶습니다.

5과 친구에게 메일을 보내고 있습니다

태민: 여보세요?

아야까: 태민군이에요? 아야까입니다.

태민: 아~ 안녕하세요.

아야까: 안녕하세요. 지금 무엇을 하고 있습니까?

태민: 한국 친구에게 메일을 보내고 있습니다.

아야까: 내일 책 읽으러 도서관에 가지 않을래요?

태민: 좋아요. 그럼 오전 11시에 도서관 앞에서 기다리고 있겠습니다.

아야까: 오전 11시이지요. 알겠습니다.

6과 먹어도 됩니까?

태민: 아야까상, 이것은 일본어로 뭐라고 합니까?

아야까: '스이까'라고 합니다. 누가 사 왔습니까?

태민: 제가요. 어제부터 수박이 먹고 싶어서 사왔습니다.

아야까: 달고 맛있군요. 이 케이크도 먹어도 됩니까?

태민: 미안합니다. 그 케이크는 친구 생일 선물이기 때문에 먹으면 안 됩니다.

7과 집에 돌아오고 나서 어머니에게 전화를 했습니다

사토선생님: 아야까상, 어제는 무엇을 했습니까?

아야까: 어제는 일요일이었기 때문에 늦게 일어났습니다. 세수를 하고 방 청소를 한 다음 친구와

약속이 있어서 외출했습니다.

사토선생님: 태민군은 무엇을 했습니까?

태민: 저는 영화를 보러 갔습니다. 그리고 집에 돌아오고
나서 한국에 계신 어머니께 전화를 했습니다.

사토선생님: 어머님은 안녕하신지요?

태민: 예. 덕분에 잘 계십니다.

8과 과자를 먹으면서 이야기하고 있습니다

다나카선생님: 어머, 태민군! 감기 걸렸어요?

태민: 예. 어제 저녁부터 머리가 아프고 열도 나서…….

다나카선생님: 약은 먹었어요?

태민: 예. 먹었습니다.

다나카선생님: 그럼 일찍 집에 가서 푹 쉬세요.
그런데 아야까상은 어디에 있습니까?

태민: 아야까상은 교실에 있습니다.

다나카선생님: 무엇을 하고 있습니까?

태민: 미카상과 함께 과자를 먹으면서 이야기하고
있는데요…….

9과 0부터 10까지 세어봅시다

다나카선생님: 태민군, 0부터 10까지 세어봅시다.

태민: 영, 일, 이, 삼, 사, 오, 육, 칠, 팔, 구 십.

다나카선생님: 참 잘했어요. 일본어는 어렵습니까?

태민: 아니요. 그다지 어렵지 않습니다. 하지만 한자
읽는 법은 어렵습니다. 선생님, 이 한자 읽는
법을 가르쳐 주세요.

다나카선생님: 이거요? 이것은 '도모다치'라고
읽습니다. 그럼 함께 읽어볼까요?

태민: 예.

10과 초밥을 먹은 적이 있습니까?

사토선생님: 태민군은 초밥을 먹은 적이 있습니까?

태민: 예, 먹은 적이 있습니다.

사토선생님: 일본 애니메이션도 본 적이 있습니까?

태민: 물론 본 적이 있지요. 선생님은 한국의 냉면을

드셔본 적이 있습니까?

사토선생님: 아니요, 먹은 적이 없습니다.

태민: 아야까상은?

아야까: 저는 일본에서 먹은 적이 있습니다.
태민군은 지금 무엇이 갖고 싶습니까?

태민: 디지털 카메라를 갖고 싶습니다.

11과 이를 닦는 편이 좋아요

다나카선생님: 아야까상은 자기 전에 이를 닦습니까?

아야까: 예, 닦습니다.

다나카선생님: 태민군은?

태민: 저는 닦지 않습니다. 헤헤헤…….

아야까: 에엣? 더러워.

다나카선생님: 자기 전에는 이를 닦는 편이 좋아요. 그
리고 단 것도 먹지 않는 편지 좋겠지요.

태민: 물론 알고 있지만 귀찮아서요. 헤헤헤…….

12과 김치는 먹을 수 있습니까?

태민: 아야까상은 한국어를 읽을 수 있습니까?

아야까: 네. 조금이라면 읽을 수 있어요.

태민: 에? 정말?

아야까: 태민군이 일본에 오기 전에 조금 공부한
적이 있습니다.

태민: 김치는 먹을 수 있습니까?

아야까: 아니요, 김치는 매워서 못 먹습니다. 태민군은
일본 음식은 뭐든지 먹을 수 있습니까?

태민: 예, 뭐든지 먹을 수 있어요.

아야까: 거짓말!

태민: 정말이에요.

1과

1. 1) 見ます　　2) 捨てます　　3) 寝ます

2. 1) 起きます　　　　2) 食べますか
3) 食べません　　　4) 見ますか

3. 1) 朝は主にパンを食べます。
2) わたしは夜10時に寝ます。

2과

1. 1) 食べました　　食べませんでした
2) 買いました　　買いませんでした
3) 行きました　　行きませんでした
4) 待ちました　　待ちませんでした
5) 洗いました　　洗いませんでした

2. 1) で　　　　　　　2) と

3. 1) (d)　　　　　　　2) (c)

3과

1. 1) A：病院　　　B：駅、病院
2) A：本屋　　　B：学校、本屋

2. 1) います　　　　　2) あります
3) います　　　　　4) あります

4과

1. 1) テレビ、見たい
2) 本、読みたい
3) したい、人形、買いたい
4) したい、うどん、食べたい

2. 1) A：<u>動物の中で</u><u>何が一番好き</u>ですか。
　　B：<u>くまが一番好き</u>です。
2) A：<u>野菜の中で</u><u>何が一番嫌い</u>ですか。
　　B：<u>にんじんが一番嫌い</u>です。
3) A：<u>果物の中で</u><u>何が一番好き</u>ですか。
　　B：<u>いちごが一番好き</u>です。
4) A：<u>飲み物の中で</u><u>何が一番好き</u>ですか。

B：<u>ジュース</u>が一番<u>好き</u>です。

5과

1. 1) 買って　　2) 持って　　3) 飛んで
4) 飲んで　　5) 走って　　6) 死んで
7) 寝て　　　8) 入って　　9) 洗って
10) 行って

2. 1) 起きて　　　　　2) 食べて、見て
3) もらって

3. 1) 読んで　　　　　2) 行きませんか
3) 飲んで　　　　　4) 買いに

6과

1. 1) 閉めても　　　　2) 書いても
3) 失礼しても　　　4) 踊っても
5) 帰っても

2. 1) で　　　　2) ので　　　　3) だめ
4) まで　　　5) に

7과

1. 立つ ⇒ 立った　　　　送る ⇒ 送った
走る ⇒ 走った　　　　読む ⇒ 読んだ
遊ぶ ⇒ 遊んだ　　　　飲む ⇒ 飲んだ
書く ⇒ 書いた　　　　泳ぐ ⇒ 泳いだ
行く ⇒ 行った　　　　食べる ⇒ 食べた
見る ⇒ 見た　　　　　来る ⇒ 来た
する ⇒ した

2. 1) 宿題をしてから、テレビを見ました。
2) 本を読んでから、音楽を聞きました。
3) 手紙を書いてから、お風呂に入りました。
4) メールを送ってから、出かけました。

8과

1. 1) コーヒーを飲みながら新聞を読んでいます。

2) お菓子を食べながら手紙を書いています。

3) ゆっくり歩きながら友達と話しています。

2. 1) 痛くて　　　　　2) よくて
3) 広くて　　　　　4) 痛くて

3. 1) 書いてください。
2) 読んでください。
3) 飲んでください。

9 과

1. 1) d　　　　2) e　　　　3) b
4) c　　　　5) a

2. 1) 行きましょう。
2) 休みましょう。
3) 行きましょう。

10 과

1. 1) はい、ジェットコースターに乗った
ことがあります。
いいえ、ジェットコースターに乗った
ことがありません。
2) はい、居眠りしたことがあります。
いいえ、居眠りしたことがありません。
3) はい、歌を歌ったことがあります。
いいえ、歌を歌ったことがありません。

2. 1) 日本のまんがを見たことはありませんが、
アニメを見たことはあります。
2) 日本のドラマを見たことはありませんが、
映画を見たことはあります。

11 과

1. 1) 買わない　　　　2) 食べない
3) 読まない　　　　4) 飲まない
5) 見ない

2. 1) 体の調子がよくないから少し休んだ方が
いいです。

2) 動きすぎだからぐっすり寝た方がいいです。

3) 風邪を引いたからお風呂に入らない方が
いいです。

4) あのスーパーは高いから買わない方が
いいです。

12 과

1. 1) ②, ③　　　　　2) ③
3) ②　　　　　　4) ①

2. 1) 読めます / 読むことができます
2) 読めますか / 読むことができますか
3) 辛くて食べられません
食べることができません
4) 弾けませんが / 弾くことができませんが
5) 借りられません
借りることができません

1과

1. 다음 대화를 잘 듣고 내용과 일치하는 시각을 선으로 연결하세요.

男：あやかさん、あやかさんは、朝何時に起きますか。

女：6時ごろ起きます。

男：6時ですか。早いですね。夜は何時に寝ますか。

女：11時ごろです。

男：そうですか。ねむくありませんか。

女：はい、大丈夫です。

男：朝ごはんはちゃんと食べますか。

女：はい、ちゃんと食べます。

男：何時ごろ食べますか。

女：毎朝7時に食べます。

男：学校は何時からですか。

女：9時からです。

답] (1) 6時　(2) 7時　(3) 9時　(4) 11時

2. 다음 대화를 잘 듣고 아침에 무엇을 먹는지 선으로 연결하세요.

テミン：田中先生、おはようございます。

田中：あら、テミン君、あやかさん、おはよう。
　　　テミン君は朝、何を食べますか。

テミン：ぼくはパンとジュースです。
　　　朝は忙しいですから。

田中：そうですか。あやかさんもパンですか。

あやか：いいえ、私は朝ごはんは食べません。
　　　りんごだけです。

田中：大丈夫ですか。私は、ちゃんと食べますよ。

답] (1) (d)　　(2) (c)　　(3) (b)

2과

1. 대화를 잘 듣고 아야카상이 지난 일요일에 한 내용

에는 ○, 하지 않은 내용에는 ×를 쓰세요.

男：あやかさんは、先週の日曜日、朝、何時に起きましたか。

女：7時ごろです。

男：それから、何をしましたか。

女：それから、うちの犬といっしょに散歩をしました。

男：午前中は勉強しましたか。

女：いいえ、勉強はしませんでした。

男：じゃ、何をしましたか。

女：テレビを見ました。

男：新聞は読みましたか。

女：いいえ、読みませんでした。

男：そうですか。午後は何をしましたか。

女：友達とレストランで昼ごはんを食べました。
　　それから、映画を見ました。

男：映画はおもしろかったですか。

女：ええ、とてもおもしろかったです。

男：よかったですね。

女：ええ、映画の後、デパートでくつを買いました。

男：あ、このくつですね。かわいいですね。

女：ありがとう。

답] (1) ○　　　(2) ×　　　(3) ×
　　(4) ○　　　(5) ×　　　(6) ○
　　(7) ○　　　(8) ×　　　(9) ○

2. 대화를 듣고 질문의 답을 그림에서 선택하세요.

女：テミン君、きのう何をしましたか。

男：きのうは、家で勉強をしました。

女：日本語の勉強ですか。

男：はい、そうです。あさってテストですから。

女：そうですか。大変ですね。

男：ええ、でもおもしろいです。あやかさんも、きのう勉強をしましたか。

女：いいえ、勉強はしませんでした。家で本を
　　読みました。

男：本ですか。どんな本ですか。

女：日本の小説です。おととい、本屋で買いました。

男：そうですか。ぼくも、おととい、本屋で
　　本を買いましたよ。

女：日本語の本ですか。

男：いいえ、日本語の本は買いませんでした。
　　まんがを買いました。

답] (1) c

　　　(2) あやかさん (c)　　　テミン君 (b)

3 과

1. 다음 대화를 듣고 그림과 맞으면 ○, 틀리면 ×를
쓰세요.

(1) 男：かばんはどこにありますか。

　　女：かばんですか。かばんは、テレビの前に
　　　　ありますよ。

(2) 女：すみません。犬はどこにいますか。

　　男：ベッドの上にいます。

(3) 男：すみません。日本語の本はどこにありますか。

　　女：机の引き出しの中です。

(4) 女：新聞はどこにありますか。

　　男：新聞ですか。ベッドの下にありますよ。

(5) 男：すみません。ねこはどこにいますか。

　　女：テーブルの下にいます。

답] (1) ○　　　(2) ×　　　(3) ×

　　　(4) ×　　　(5) ○

2. 다음 대화를 잘 듣고 그림에서 선택하세요.

(1) 男：あやかさん、あやかさんの家は学校の
　　　　近くですか。

女：はい、そうです。私の家の近くには、
　　公園もあります。

男：そうですか。じゃ、郵便局の隣ですか。

女：はい、そうです。私の家は学校の後ろに
　　あります。

(2) 女：すみません。テミン君はどこにいますか。

　　男：テミン君ですか。テミン君は、
　　　　あやかさんの右にいますよ。

　　女：そうですか。どうもありがとうございました。

(3) 男：田中先生の本は、どこにありますか。

　　女：テーブルの上です。

　　男：そうですか。

　　女：あ、すみません。テーブルの上じゃありません。

　　男：じゃ、どこにありますか。

　　女：机の引き出しの中にありますよ。

　　男：引き出しの中ですね。

(4) 女：テミン君のねこはどこにいますか。

　　男：ぼくのねこは、えー、車の下にいます。

　　女：ああ、あのねこですか。

답] (1) a　　(2) d　　(3) b　　(4) d

4 과

1. 다음 대화를 잘 듣고 무엇을 제일 원하고 있는지 선
으로 연결하세요.

(1) 男：あやかさんは、何が食べたいですか。

　　女：そうですね。ハンバーガーが食べたいです。

　　男：ぼくも食べたいです。

(2) 男：田中先生は、今、何がしたいですか。

　　女：本屋へ行きたいです。

　　男：本屋ですか。

　　女：はい、日本語の本が買いたいです。

(3) 女：テミン君は、海が好きですか。
　　　　山が好きですか。

　　男：ぼくは、海が好きだけど、今日は山へ
　　　　行きたいです。
　　女：山ですか。いいですね。私も好きです。
(4) 男：佐藤さんは、何がしたいですか。
　　女：旅行がしたいです。
　　男：ぼくも旅行が大好きです。お金はないけど。
　　女：私もですよ。でも、その前に、
　　　　デジカメが買いたいです。
(5) 女：原田君は食べ物の中で何が一番好きですか。
　　男：ぼくは何でも好きです。
　　女：じゃ、今何が食べたいですか。
　　男：そうですね。ピザも食べたいけど、
　　　　コーラが飲みたいです。

답] (1) a　　　　(2) b　　　　(3) g
　　　 (4) e　　　　(5) d

2. 다음 대화를 잘 듣고 그림과 일치하면 ○, 틀리면
　 ×를 쓰세요.

(1) 男：あやかさんは、何がしたいですか。
　　女：映画館へ行きたいです。
　　男：映画館ですか？
　　女：ええ、おもしろい映画が見たいです。
　　男：ぼくも見たいです。来週の土曜日、
　　　　一緒にどうですか。
　　女：いいですね。
(2) 女：テミン君は外国語の中で何が一番勉強し
　　　　たいですか。
　　男：そうですね。ちょっと難しいけど、
　　　　中国語です。
　　女：あ、日本語じゃありませんね。
　　男：はい、日本語も勉強したいけど、今は、
　　　　中国語です。
(3) 男：田中先生、先生は、何がしたいですか。

　　女：そうですね。アメリカへ行きたいです。
　　男：アメリカ、いいですね。でも、ぼくは、
　　　　日本へ行きたいです。
　　女：日本もいいですよ。
(4) 女：原田君は、食べ物の中で何が一番好きですか。
　　男：ぼくは、何でも好きです。
　　女：じゃ、今、何が食べたいですか。
　　男：今ですか。今は、ピザが食べたいです。
　　女：ハンバーガーはどうですか。
　　男：ハンバーガーですか。ハンバーガーは、
　　　　今は、あまり食べたくありません。
(5) 男：佐藤さんは、何が買いたいですか。
　　女：たくさんありますが、くつが買いたいです。
　　男：どんなくつですか。赤くて、かわいい
　　　　くつですか。
　　女：いいえ、黒くてかわいいくつが買いたいです。
(6) 女：天気がいいですね。どこへ行きたいですか。
　　男：そうですね。
　　女：海はどうですか。
　　男：海は、ちょっと……。
　　女：じゃ、山はどうですか。
　　男：山ですか。いいですね。山へ行きたいです。

답] (1) ○　　　　(2) ×　　　　(3) ○
　　　 (4) ×　　　　(5) ×　　　　(6) ○

5 과

1. 다음 대화를 잘 듣고 어느 학생인지 그림에서 선택하세요.
男：田中先生、ここが、ぼくたちの教室です。
女：そうですか。広くて、明るいですね。
　　生徒もたくさんいますね。
　　あやかさんは、何をしていますか。
男：あやかさんは、本を読んでいます。

女：じゃ、テミン君は何をしていますか。

男：テミン君は、新聞を読んでいます。

女：原田君は、何を飲んでいますか。

男：原田君ですか。コーラを飲んでいます。

女：歌が上手ですね。誰が歌っていますか。

男：山田君ですよ。山田君は、歌がとても
　　上手で、みんなに人気があります。

女：そうですか。ところで、佐藤さんと山本君が
　　いませんね。

男：いますよ。佐藤さんは、あそこで、勉強
　　しています。それから、山本君は……、あ、
　　あそこにいます。あそこで、寝ていますよ。

女：あ、本当ですね。

답] あやか（ c ）　　　テミン（ d ）
　　原田　（ l ）　　　山田　（ j ）
　　佐藤　（ a ）　　　山本　（ h ）

2. 대화를 듣고 대화내용과 맞으면 〇, 틀리면 ×를
　 쓰세요.

男：もしもし。

女：もしもし。あ、テミン君、こんにちは。

男：こんにちは。あやかさん、きのう何をしましたか。

女：きのうですか。きのうは、映画を見に行きました。

男：そうですか。今日は何をしますか。

女：今日は友達が遊びに来ます。あ、テミン君も
　　遊びに来ませんか。一緒にビデオを見ませんか。

男：いいですね。金さんも一緒にいいですか。

女：いいですよ。

男：じゃ、金さんに電話をして、2時ごろ
　　あやかさんの家へ行きます。

女：はい、じゃ、友達と待っています。

답] (1) ×　　　(2) ×　　　(3) 〇
　　(4) 〇　　　(5) 〇　　　(6) ×

6과

1. 대화를 잘 듣고 어떤 행동을 해야 하는지 선택하고
　 〇를 쓰세요.

(1) 男：うわ！すてきな絵ですね。
　　女：本当ですね。とてもきれいです。
　　男：一緒に写真を撮りませんか。
　　女：だめです。ここでは写真を撮っては
　　　　いけませんよ。
　　男：じゃ、外では撮ってもいいですか。
　　女：ええ、いいですよ。

(2) 女：このケーキ、誰が買って来ましたか。
　　男：きのう、ぼくが買って来ました。
　　女：食べてもいいですか。
　　男：どうぞ。きょうはあやかさんの誕生日
　　　　なので買って来ました。
　　女：ありがとうございます。

(3) 女：このジュース、誰のですか。
　　男：金さんのですよ。
　　女：そうですか。
　　男：でも、飲んでもいいですよ。
　　女：本当ですか。じゃ、いただきます。

(4) 男：暑いですね。
　　女：そうですね。今日はちょっと暑いですね。
　　男：窓を開けてもいいですか。
　　女：外がうるさいので、窓を開けてはだめです。
　　男：そうですか。分かりました。

(5) 女：これ、誰のまんがですか。
　　男：あ、すみません。ぼくのです。
　　女：明日はテストですよ。まんがを読んでは
　　　　いけません。
　　男：このまんがを読んで、勉強します。
　　女：だめです。

(6) 男：この映画見ませんか。

女：この映画ですか。いいですね。

男：チケット2つください。

女2：すみません。この映画は、中学生は
　　　見てはいけませんよ。

男：え？　そうですか。じゃ、高校生は
　　　見てもいいですか。

女2：高校生は大丈夫です。

男：じゃ、ぼくは高校生じゃないので、だめですね。

女2：ええ。

답] (1) b 　　　(2) a 　　　(3) a
　　 (4) b 　　　(5) b 　　　(6) b

2. 대화내용을 잘 듣고 선으로 연결하세요.

(1) 女：テミン君、風邪ですか。

　　　男：ええ、風邪を引いているので、今日は
　　　　　家で休みます。

(2) 男：あやかさん、これから友達とケーキを食べ
　　　　に行きますが、一緒に行きませんか。

　　　女：ありがとうございます。でも、きのう
　　　　　からケーキが食べたかったので、
　　　　　買って来ました。

　　　男：そうですか。

(3) 男：きのうはとても寒かったですね。

　　　女：そうですか。私は大丈夫でしたけど。

　　　男：ええ？　本当ですか。ぼくはとても
　　　　　寒かったので、コートを着ましたよ。

답] (1) b 　　　　(2) c 　　　　(3) f

7 과

1. 대화를 잘 듣고 어떤 순서였는지 번호를 쓰세요.

(1) 男：あやかさんは、今日何時に起きましたか。

　　　女：今日は、とても早く起きました。5時です。

　　　男：え！？5時ですか。本当に早いですね。

女：久しぶりに早く起きたので、公園を散歩
　　しました。

男：朝の公園はどうでしたか。

女：とてもよかったですよ。公園を散歩して
　　から、家へ帰って、新聞を読みました。

男：あやかさんは、毎朝、新聞を読みますか。

女：いいえ、いつもは、時間がないので読みませ
　　ん。でも、今日は時間がありましたから。

男：そうですか。新聞を読んでから朝ご飯を
　　食べましたか。

女：いいえ、新聞を読んで、バナナを食べた
　　ので、朝ご飯は食べませんでした。

男：ええ？　大丈夫ですか。

女：はい、でも、1時間ぐらい勉強をしてから、
　　お腹が空いたので、ラーメンを食べました。

(2) 女：テミン君はきのう何をしましたか。

　　　男：朝、部屋の掃除をしてから、
　　　　　友達と映画を見に行きました。

　　　女：おもしろかったですか。

　　　男：はい、とてもおもしろかったです。
　　　　　映画を見てから、友達と昼ごはんを
　　　　　食べて、家に帰りました。

　　　女：そうですか。ところで、明日はテストですね。

　　　男：ええ、それで、昨日は家に帰ってから、
　　　　　勉強をしました。

　　　女：夜遅くまで勉強しましたか。

　　　男：いいえ、お風呂に入って、早く寝ました。

답] (1) (a) 2　 (b) 6　 (c) 5　 (d) 3　 (e) 1　 (f) 4
　　 (2) (a) 2　 (b) 4　 (c) 1　 (d) 6　 (e) 5　 (f) 3

8 과

1. 다음 대화를 잘 듣고 누구인지 그림에서 찾아 보세요.

女：金さん、金さんはきのう何をしましたか。

男：きのうは、家にいました。家でお菓子を
　　食べながらテレビを見ました。

女：そうですか。田中さんは何をしましたか。

男：ぼくも同じですよ。ぼくも家でゆっくり
　　お茶を飲みながら、テレビを見ました。

女：佐藤さんも、きのう家にいましたか。

男：いいえ、ぼくはきのう、友達に会って、
　　お茶を飲みながら話をしました。

女：そうですか。山本さんは明日テストですね。
　　勉強しましたか。

男：ええ、明日テストなので、音楽を聞きながら
　　勉強しました。

女：あ、朴さんも明日テストですね。

男：はい、そうです。でも、ぼくは、歌のテスト
　　ですから、勉強はしませんでした。
　　公園を散歩しながら歌の練習をしました。

답] (1) a　　(2) g　　(3) c　　(4) h　　(5) f

2. 대화를 잘 듣고 질문의 답이 그림과 맞으면 ○,
　 틀리면 ×를 쓰세요.

[病院で]

医者：どうしましたか。

女：ゆうべから、頭が痛くて熱もあって……。

医者：咳は出ますか。

女：いいえ、咳は出ませんが、喉が痛いです。
　　鼻水も少し出ます。

医者：風邪ですね。薬を飲んでゆっくり休んで
　　ください。

女：はい。薬はいつ飲みますか。

医者：薬は、朝・昼・晩、食後に飲んでください。
　　それから、薬は、水で飲んでください。

女：はい、わかりました。お風呂には入っても
　　いいですか。

医者：はい。暖かいお風呂に入って、体を
　　暖かくして、早く寝てください。

女：はい、ありがとうございました。

医者：じゃ、明日、また来てください。

답] (a) ×　　(b) ○　　(c) ○　　(d) ×
　　　(e) ○　　(f) ○　　(g) ×　　(h) ×

9과

1. 다음 대화를 잘 듣고 질문의 답을 그림에서 찾아보세요.

男：あやかさん、明日、時間ありますか。

女：ええ、ありますよ。

男：一緒に映画を見に行きましょうか。

女：映画ですか。映画もいいですが、来週テスト
　　ですから、一緒に勉強しませんか。映画は、
　　テストが終わってから見ましょう。

男：ええ、いいですよ。ぼくは来週、日本語の
　　テストですから、あやかさん、漢字の読み方
　　を教えてくださいね。

女：はい、わかりました。じゃ、図書館の前で
　　明日2時に会いましょうか。

男：10時はどうですか。明日の午後は約束が
　　ありますから。

女：いいですよ。図書館の前で10時ですね。

男：昼ごはんは日本のラーメンを食べてみたいです。

女：日本のラーメンですか。いいですよ。
　　食べましょう。

답] (1) a　　(2) b　　(3) c　　(4) d

2. 다음 대화를 잘 듣고 맞으면 ○, 틀리면 ×를 쓰세요.

男：あやかさん、誕生日おめでとう。

女：ありがとう。

男：はい、これ、プレゼントです。

女：わあ！ありがとう。何ですか。

男：開けてみてください。

女：開けてみてもいいですか。

男：ええ、もちろんですよ。どうぞ。

女：まあ、かわいいかばんですね。

男：それから、これも食べてみてください。

女：何ですか。

男：韓国のおもちです。

女：あまり甘くなくておいしいですね。
テミン君も一緒に食べましょう。

男：ありがとう。

답] (1) ×　　(2) ○　　(3) ○　　(4) ×

10 과

1. 대화를 잘 듣고 무엇을 갖고 싶은지 그림을 연결하세요.

(1) 男：あやかさんは、今何がほしいですか。
女：今、ピアノを習っているので、ピアノが
ほしいです。
男：ピアノですか。ぼくも習ってみたいです。
女：じゃ、一緒に習いましょうか。
男：え？そうですね。考えてみます。

(2) 女：テミン君は何がほしいですか。
男：ぼくは、ケータイがほしいです。
女：テミン君はケータイを持っていませんか。
男：持っていますが、古くてあまりよく
ありません。
女：そうですか。

(3) 女：原田君、夏休みにどこへ行きますか。
男：日本へ行きます。
女：わあ、いいですね。じゃ、写真をたくさん
撮って来てください。
男：ぼくも写真を撮りたいですが、カメラが
なくて……。
女：そうですか。原田君は今何がほしいですか。

男：お金です。買いたいものがたくさん
ありますから。

(4) 男：佐藤さんはいま何が一番ほしいですか。
女：家にコンピューターがありますが、
いつも父が使っているので、
私のコンピューターがほしいです。
男：ぼくもですよ。ぼくの家でも、いつも
兄が使っています。

답] (1) f　　　(2) a　　　(3) b　　　(4) e

2. 대화를 잘 듣고 경험이 있으면 ○를, 없으면 ×를
쓰세요.

テミン：原田君は、アメリカへ行ったことがありますか。

原田：はい、行ったことがあります。テミン君は？

テミン：ぼくもあります。

原田：そうですか。あやかさんは？

あやか：私は、ありません。でも、今、英語の
小説を読みながら、英語を勉強している
ので、来年には行ってみたいです。

テミン：へえ。英語の小説を読みながら英語の
勉強ですか。難しくありませんか。

あやか：ええ、おもしろいですよ。テミン君も
読んでみてください。

テミン：はい、分かりました。原田君も英語の
小説を読んだことがありますか。

原田：いいえ、英語の小説は読んだことがありま
せん。でも、今、中国語を習っているので、
中国語の本は読んだことがあります。

あやか：中国語ですか。あ、テミン君も中国語
を習っていますね。

テミン：いいえ、ぼくじゃなくて山田君ですよ。
ぼくは習ったことがありません。
あやかさんは？

あやか：私は少し習ったことがあります。
　　　　でも、難しかったので、今は習っていません。

답]

	✈	📖	你好
(1) あやか	×	○	○
(2) テミン	○	×	×
(3) 原田	○	×	○

11 과

1. 대화를 잘 듣고 무엇을 하는 것이 좋은지 그림에서 찾아보세요.

(1) 女：テミン君、明日テストですね。何のテストですか。
　　男：日本語のテストです。
　　女：勉強はしましたか。
　　男：ええ、でも、漢字が難しくて……。
　　女：今日は何をしますか。
　　男：今日は、英語の勉強をします。
　　女：え？明日は日本語のテストですから、
　　　　漢字の勉強をした方がいいですよ。
　　　　一緒に勉強しましょう。
　　男：はい、わかりました。

(2) 男：あやかさん、風邪ですか。
　　女：ええ、昨日から、頭が痛くて……。
　　男：大丈夫ですか。薬は飲みましたか。
　　女：ええ。
　　男：今日は早く寝た方がいいですよ。
　　女：ええ、でも、宿題があって……。
　　男：でも、今日はゆっくり休んでください。
　　女：はい、そうします。

(3) 男：ここが図書館ですか。静かですね。
　　　　本もたくさんありますね。

女：ええ。
男：ここで勉強してもいいですか。
女：もちろんですよ。勉強しましょうか。
男：いいえ、今日は本が読みたいです。
女：じゃ、本を読みましょう。本はたくさん
　　読んだ方がいいですから。

(4) 男：お腹がすきましたね。何か食べましょうか。
　　女：え？夜10時ですよ。
　　男：ええ、一緒にラーメンでも食べませんか。
　　女：私は、ちょっと……。テミン君も夜、
　　　　あまり食べない方がいいですよ。
　　男：そうですね。
　　女：牛乳はどうですか。牛乳を飲みましょう。
　　男：じゃ、そうします。

답] (1) b　　　(2) c　　　(3) a　　　(4) d

2. 대화를 듣고 하는 편이 좋은 일에는 ○, 하지 않는 편이 좋은 일에는 ×를 쓰세요.

[病院で]
医者：風邪ですね。薬を飲んでゆっくり休んで
　　　ください。
女：学校には行ってもいいですか。
医者：はい。でも、運動はしないほうがいいです。
　　　それから、早く家に帰って休んでください。
女：わかりました。お風呂には入ってもいいですか。
医者：きょうは、お風呂に入らない方がいいですよ。
　　　それから果物はたくさん食べた方がいいですよ。
　　　でも冷たいものは食べない方がいいです。
女：はい、わかりました。

답] (1) ×　　　(2) ×　　　(3) ○　　　(4) ×

12 과

1. 대화를 잘 듣고 할 수 있으면 ○, 없으면 ×를 쓰세요.

(1) 男：あやかさんはキムチを食べることができますか。

女：キムチですか。キムチは辛くて食べられません。

男：じゃ、冷麺はどうですか。

女：冷麺は辛くないので、食べられます。

男：そうですか。韓国語は読めますか。

女：はい。少しなら読めます。

でも、書くことはできません。

男：韓国語は難しいですか。

女：ええ、難しいです。

(2) 女：テミン君、日本語はどうですか。

男：日本語は難しいですね。

女：カタカナと漢字は読めますか。

男：カタカナは読めますが、漢字は読めません。

女：じゃ、新聞は読めませんか。

男：ええ、新聞は、漢字が多くて読むことが

できません。

女：日本の食べ物はどうですか。

何でも食べられますか。

男：ええ、何でも食べることができますが、

納豆は食べられません。

답] (1) (a) ×　　　(b) ○　　　(c) ○　　　(d) ×

　　　(2) (a) ○　　　(b) ×　　　(c) ×　　　(d) ×

2. 다음 대화를 듣고 각각 어떤 것을 할 수 있는지 선
으로 연결하세요.

あやか：来月、文化祭ですね。私たちも何か

しましょう。

テミン：そうえすね。何がいいですか。

あやか：テミン君は何ができますか。

テミン：ぼくは、何もできません。あっ、

山田君が、ギターが上手ですよ。

山田：少しならひけますよ。テミン君は歌が

上手じゃないですか。

テミン：日本の歌は歌えませんが、韓国の歌は

歌うことができます。

あやか：じゃ、韓国の歌のコンサートをしましょうか。

テミン：いいですよ。あやかさんとボラさんは

何ができますか。

ボラ：じゃ、私は、ピアノをひきます。

テミン：ピアノがひけますか。すごいですね。

ボラ：あまり上手じゃありませんよ。

テミン：じゃ、山田君がギターをひいて、ボラさん

がピアノをひいて、ぼくが歌って……。

あやかさんは何ができますか。

あやか：そうですね。ダンスでも踊りましょうか。

テミン：うわ！　あやかさん、踊れますか。

あやか：ええ、ダンスを習ったことがあるので……。

テミン：じゃ、練習しましょう。

답] (1) f　　　(2) a　　　(3) d　　　(4) c

[1과 · 2과]

1. ①   2. ②   3. ②
4. ②   5. ③   6. ③

7. が → と(一緒に)

8. ます → です

9. ふきましたね → ふりましたね

10. 日本語勉強 → 日本語の勉強

[3과]

1. ②   2. ④   3. ③   4. ①

5. A: いますか ｜ B: 下にいます

6. A: ありますか ｜ B: 上にあります

7. ④   8. ①   9. ③   10. ②

[4과]

1. ③   2. ④   3. ②   4. ①   5. ③
6. ④   7. ③   8. ④   9. ①   10. ①

[5과]

1. ③   2. ①   3. ①   4. ②   5. ③
6. ③   7. ④   8. ④   9. ④   10. ②

[6과]

1. ④   2. ④   3. ①   4. ②   5. ④
6. ①   7. ①   8. ②   9. ④   10. ②

[7과 · 8과]

1. ③   2. ④   3. ③   4. ④

5. おかげさまで(元気です)

6. 大きく

7. ところで

8. 昨日母と一緒に散歩をしてから、お風呂に
　　入りました。

9. 用事があったので、早く帰りました。

10. みかちゃんはピアノを弾きながら歌を
　　歌っています。

[9과 · 10과]

1. ②   2. ②   3. ③   4. ①

5. 일본어는 한자 읽는 방법이 어렵습니다.

6. 아무쪼록, (맛있게) 드십시오.

7. ③   8. ②

9. 1階から5階まではデパートです

10. おすしを食べたことがありますか

[11과 · 12과]

1. キムチは食べない

2. 月曜日には忙しくて休まない

3. 図書館では話さない

4. お酒は飲まない

5. タバコは吸わないほうがいい。

6. この映画はみたほうがいい。

7. 夜遅くおやつは食べないほうがいい。

8. 図書館へ行ったほうがいい。

9. わたしは漢字を読むことができる

10. この夏休みには米国へ行くことができる

11. ピアノを弾くことができる

12. この歌を上手に歌うことができる

13. もの → こと

14. を → が

15. 読みられます → 読めます

あ

ああ	아~ (감동사, 긍정이나 동의를 나타낼 때)	1과
あう(会う)	만나다	2,5,12과
あき(秋)	가을	4과
あさ(朝)	아침	1,3과
あし(足)	발	2과
あした	내일	9과
あそ(遊)びました	놀았습니다 《(あそ(遊)ぶ/놀다)의 정중체과거》	2과
あそこ	저기	3과
あそぶ(遊ぶ)	놀다	2,5과
あたま(頭)	머리	6과
あたらしい(新しい)	새롭다, 싱싱하다	12과
あつい(暑い)	덥다	6과
アニメ	애니메이션, 동화 (アニメーション의 준말)	2,10과
あね(姉)	누나, 언니, 누이	2과
アパート	아파트	6과
あびる(浴びる)	쬐다, 쐬다, (샤워를)하다	2과
あぶない(危ない)	위험하다, 위태롭다	11과
あまい(甘い)	달다	11과
あまいもの(甘い物)	단 것 (단 음식)	11과
あまり	그다지, 별로	9과
アメリカ	미국	4과
アメリカ人	미국인	10과
あらう(洗う)	씻다	2,5과
ある	있다	2과
アルバイト	아르바이트	2과
あんざん(暗算)	암산	7과

い

いえ(家)	집, 가정, 집안	2,12과
いきかた(行き方)	가는방법	9과
イギリス	영국	4과
いく(行く)	가다	2과
いたい(痛い)	아프다	6,11과
いちご	딸기	4과
いちど(一度)	한 번	10과
いちば(市場)	시장	8과
いちばん(一番)	제일	4과
いっしょに	같이, 함께	2과
いっせきにちょう(一石二鳥)	일석이조	4과
いぬ(犬)	개	2과
いねむ(居眠)りする	(앉아서) 깜박 졸다	10과
いもうと(妹)	여동생	2,12과
いる(要る)	필요하다	2과
いろ(色)	색, 빛, 빛깔	10과
いろがみ(色紙)	색종이	10과

う

うえ(上)	위	3과
うえの(上野)	우에노 (일본지명)	9과
うさぎ	토끼	3과
うし(牛)	소	4과
うそ	거짓말	12과
うた(歌)	노래	8과
うたう(歌う)	(노래를) 부르다	8과
うま(馬)	말	5과
うみ(海)	바다	4,9과
うみべ(海辺)	해변, 바닷가, 해안	9과
うる(売る)	팔다	2과
うんしゅう(雲集)	운집 (구름처럼 많이 모임)	9과
うんてん(運転)	운전	11과
うんどう(運動)	운동	2,7,11과

え

えいが(映画)	영화	1,5과
えき(駅)	역	3과
えっ	엣, 뭐라고, 어, 이크 (감동사, 놀라거나 의아해할 때 내는 소리)	1과
えんぴつ(鉛筆)	연필	6과

お

おおさか(大阪)	오사카	4과
おかあさん(お母さん)	어머니	7과
おかげさまで	덕분에	7과
おかし(お菓子)	과자	1,8과
おかね(お金)	돈	4과
おきる(起きる)	일어나다	1,7과
おくる(送る)	데려다주다	2,5과
おさき(先)に	먼저	6과
おさけ(お酒)	술	6,11과

MEMO

MEMO

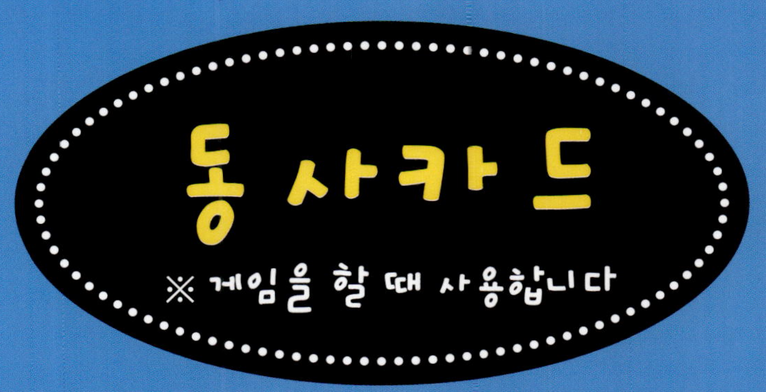

べんきょう
勉強する

み
見る

着る
き

ぬ
脱ぐ

は　みが
（歯を）磨く

た
食べる

1

起^おきる		寝^ねる
	捨^すてる	
泳^{およ}ぐ		立^たつ
	座^{すわ}る	
乗^のる		降^おりる

<table>
<tr><td></td><td><ruby>待<rt>ま</rt></ruby>つ</td><td></td></tr>
</table>

<ruby>歌<rt>うた</rt></ruby>う		（<ruby>電話<rt>でんわ</rt></ruby>を） かける
	<ruby>洗<rt>あら</rt></ruby>う	
<ruby>笑<rt>わら</rt></ruby>う		<ruby>泣<rt>な</rt></ruby>く
	<ruby>聞<rt>き</rt></ruby>く	

読む

飲む

書く

撮る

歩く

遊ぶ

死ぬ

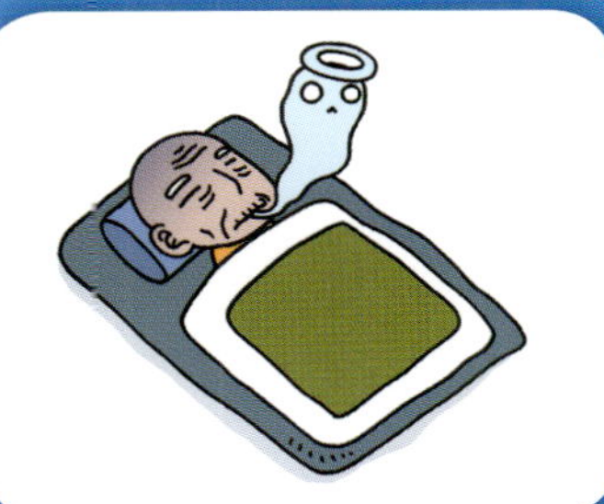

開ける

はこ
運ぶ

はし
走る

はい
入る

で
出る

き
切る

おどる

踏<ruby>む<rt>ふ</rt></ruby>

買<ruby>う<rt>か</rt></ruby>

飛<ruby>ぶ<rt>と</rt></ruby>

登<ruby>る<rt>のぼ</rt></ruby>

話<ruby>す<rt>はな</rt></ruby>

送<ruby>る<rt>おく</rt></ruby>

休<ruby>む<rt>やす</rt></ruby>

教<ruby>える<rt>おし</rt></ruby>

怒る

（シャワーを）
浴びる

（ピアノを）
弾く

勝つ

負ける

会う

投げる

降る

（タバコを）吸う

急ぐ

作る

押す

引く

ける

咲く